U0066929

商鞅的人生哲學

——權霸人生

目錄

商鞅——肩負歷史重任的人

商鞅其人

商鞅，稱得上是中國一位歷史名人。在中國，對他很有了解的人並不太多，但知道他的人還是不少。

提起中國歷史上最著名的改革，人們自然會想起他。

說到中國延續了二千多年的專制主義統治，人們就會把他和那漫長的歷史聯繫起來。

許多歷史學家把商鞅的變法看作中國古代史上奴隸社會向封建社會過渡的標誌性事件。

商鞅，無論如何是中國歷史上一位重要人物。

誠然，他未必像諸葛亮或曹操那樣家喻戶曉，婦孺皆知，但他的名字載在史冊，話說一部中國歷史，沒法不說到他。

特別是近十多年來，在中國大地上掀起了改革的熱潮，當人們希望鑒古知今，努力從歷史上的改革中去吸取經驗教訓時，無不會想起商鞅，談到商鞅。

商鞅確實是中國歷史上一位大有作爲的傑出人物，他生活於動盪不安的戰國時期，適應歷史的需要，在當時一個相對落後的國家——秦國，進行了深刻的變法——改革，使秦國迅速富強起來。他的改革爲秦的最終統一中國奠定了基石，也爲此後二千多年中國的中央集權的專制主義統治提供了基本模式。雖然商鞅變法對中國歷史的發展所起的作用還存在不同看法，但可以肯定的是，商鞅變法的確對秦國的強大和隨後的統一中國，起了關鍵性的作用，同時，它也是對此後二千多年中國社會發展影響最大最深遠的事件之一。

因勢出人，因人成事

商鞅是一個爲歷史所需要，被歷史呼喚而至的人物。

西方一位傑出的思想家說過，每一個社會時代都需要自己的偉大人物，如果沒有這樣的人物，它就要創造出這樣的人物來。

中國人很喜歡談說時勢和英雄。在歷史的重要關頭，總是因勢出人，因人成事。沒有一定的氣候，傑出人物也難有作爲；在一定的形勢下，因爲湧現了有能力擔當特殊角色的人物，歷史才有聲有色，波瀾壯闊，奔騰向前。

且不管商鞅是否稱得上一位「偉大人物」，無論如何，他所在的那個時代，確實需要他這樣的人物。

那是一個社會需要從變革中獲得巨大的前進動能的時代，那是一個中國尚處於分裂狀態而要求走向統一的時代。那時各國有志的國君都希望自己的國家強大，那時各國人民無不希望早日結束戰亂紛爭，過和平安寧的生活。

當時天下七雄並峙，激烈競爭，誰強大，誰就有可能統一中國。因此，各國無不爭取人才，無不積極探尋富國強兵之路。魏得李悝，楚得吳起，都進行了變法，並取得了一定的成效。而秦國，從國外引進了一個人才商鞅，由商鞅擔負起了在秦國變法的重任。

商鞅沒有辜負歷史給予他的寶貴機遇，他在秦國的政治舞台上大顯身手，創建了令當世震驚，教後世長憶的事業。

在中國古代，這通常被稱爲霸業。

弄權圖霸的一生

不知道「權」起源於何時，反正從很古老的時候開始，有權的人和無權的人就遠遠地分開了。

今天我們已經有了民主思想，大家共同接受的觀念是：一切權力屬於人民，一切權力為了人民。

可是在那專制主義的時代，權這個東西，可以說是神秘莫測，也可以說是威力巨大。秦始皇可以為所欲為，就是因為他手中有至高無上的權力。劉邦和項羽，原來是反秦鬥爭中的戰友，後來打得不可開交，也是為了爭奪對於全中國的統治權。

商鞅大半輩子都在跟權打交道。他有權，因而能在秦國變法，他有權，就能對秦國上下行賞罰，他有權，可以割掉太子師傅的鼻子，他有權，可以讓秦國每一個人聽到他的名字就發抖。

不過，商鞅用權，也就是做了這些事情。他倒沒有用權去霸人妻女，去強索賄賂，去走私，去揮霍公款。

可以概括地說，商鞅用他掌握的權力，成就了一件大事，那就是爲秦國謀霸業。

「高築牆，廣積糧，緩稱王」，這是元末明初的一位書生型謀士說過的話，數百年後，演變成這樣的口號：「深挖洞，廣積糧，不稱霸」，廣爲流傳。在今天這個世界上，無論是個人，還是國家，有霸道行徑，總是要惹人憤怒的，要想稱霸，更是不得人心。

但是古今不同，時勢不同，觀念不同，以今觀古，一定要了解彼時的世況和人情。

不說遠的春秋戰國時期，就說是稍近的兩漢，人們在談到「霸」的時候，不僅沒有一種憎惡的情感，甚至相反，還有欽羨、讚美之意。你看，西漢人嚴安說：「霸者，常佐天子興利降害，誅暴禁邪，匡正海內，以尊天子。」這在那時的人看來，不是很高尚的嗎？東漢人編的《白虎通義》一書中，也說「率諸侯朝天子，正天下之化，興復中國，攘除夷狄，故謂之霸也。」

所以，讀古書，切忌望文生義，也不能以今人之意去理解古人的思想感情，否則，就可能會出偏差，甚至正好相反。就拿「霸」來說吧，古人稱諸侯中的強者兼仗義而有威望者，後來才漸有惡意兼貶意的。

春秋時期稱霸的有齊桓公、晉文公、楚莊王等，習慣上有「五霸」之稱。齊桓公在大政治家管仲的輔助下改革內政，增強國力，在當時的國際舞台上發揮積極的作用，提出「尊王攘夷」的口號，扶持了一些被戎狄壓迫甚至陷於絕境的小國，贏得了威望，多次作諸侯的盟主。晉文公因內亂被迫逃亡國外十九年，歷盡艱險，終於回到祖國，當了國君後，並未沉溺於享樂生活，而是勵精圖治，在內增強國力，在諸侯中積極發揮作用，也取得了霸主的地位。

商鞅，是一位傑出的政治家、思想家和軍事家，更是戰國時期乃至於中國歷史上卓越的改革家。他所擅長、精通的是「強國之術」，他在秦國行其道，使秦國迅速強大起來，雖然沒有人再用「稱霸」來說明那時秦國所取得的地位（因爲這時「稱霸」的說法已顯得有些過時了），但十分清楚，在商鞅治理下的秦國，已經從一個落後的國家變成了一個舉足輕重的大國，東方六國誰也不敢再輕視它了。那時中國的太陽正從西方升起，統一的希望已經在西部的秦國初露曙光。

霸業是透過運用政治權力和謀求國富兵強實現的，商鞅以主持秦國改革的形式，實際上掌握和指導著國家的政權，他用權謀霸，成其所想。他的一生，稱得上是權霸人生。

「變」與「不變」交織的一生

商鞅的一生，是與「變」結下不解之緣的。

他一生倡導變法，一生從事變法，他的精力和功業，就溶化在秦國的變法事業之中。

但他也有不變的一面：他執著於變法的熱情與目的，至死不渝，也因此而爲變法慘死，爲變法流盡最後一滴血。

雖然商鞅不是一個完人，儘管我們可以對商鞅進行各種各樣的批評，但至少有一點可以肯定，他的精神在歷史上閃耀過光芒，他的事業對後世從事改革的人們是一種鼓舞。

今天我們也在從事改革，在改革中探索使中國走向民主、富強、文明的道路，沿著這條道路，去實現中國的現代化。這是前無古人的偉大事業，它的成功，無疑將對人類的明天產生重大而深遠的影響。

在這一偉大的事業中，我們既要開拓創新，也要尊重歷史和傳統，我們時刻不能忘記，我們是在中國這塊特定的土地上，在中國特有的條件下進行改革，從事現代化建設。我們時時要溫習歷史，要從前人留下的思想文化寶庫中去吸取有用的東西。在這種情況下，我們要時常翻閱《商君書》，可以說，《商君書》是商鞅等人給我們民族留下的精神財富，是我們改革和建設必備必讀的參考書。

商鞅大有作為的一生

從徙木示信說起

一個人們熟悉的故事

話說距今二三五四年前，公元前三五九年，某一天的早晨，秦國的都城櫟陽南門邊的空地上，立起了一根三丈長的木頭。

很快地，木頭周圍聚集了不少人，人們議論紛紛，聲如鼎沸。

原來，木頭上寫著一個公告，公告上說：誰要是把這根木頭從南門搬到北門，就獎給他黃金十鎰。一鎰等於二十兩，十鎰就是兩百兩，普通百姓，就是做夢，也沒有哪個見過這麼多的黃金啊！

但是，過了好半天，也不見有一個人出來搬木頭。周圍七嘴八舌議論的人倒是不少。

那時，秦國的都城並不大，從北門到南門，也沒有多遠。秦國有的是身強體壯的漢子。那時的三丈，大約也就是現在的七公尺，把這麼一根木頭搬動一下，並非多大的難事，就獎賞那麼高，這怎麼可能？

人們不信。

更有人認爲這其中可能有詐。

這時只聽傳來一道命令，把獎金提高到黃金五十鎰，增加了幾倍。

木頭周圍，聚集的人更多了。終於，一個有膽量並且到底耐不住性子的漢子站出來，扛起了木頭。

沒過多久，這根木頭就被扛到了北門。

隨後，這個勇敢的人就受到了秦國的左庶長接見，獎勵黃金五十鎰，預先確定的獎賞，立即兌現。

消息迅速傳遍了秦國，人們嘖嘖稱讚，國家如此有令必行，懸賞必須，這是取信於民啊。往後，有什麼政令，全國上下都可要認眞對待啊！

與此同時，左庶長的名聲也傳開了，他能出此高招，看來不是一般人物。

是的，他可不是一般人物。他，就是歷史上大名鼎鼎的商鞅。不過，那時他還沒有「商鞅」這個後來才屬於他的稱謂。

「信」，是無價的

徙木示信，商鞅做了一次試驗，也為自己做了一個很有效的廣告。

他懂得，強國要用民力、靠民衆，而要讓民衆效力，就要對他們講信用。他之所以要來這一招，就是要對百姓宣示他的政治誠信——「以明不欺」，他要秦國舉國上下都相信：他說到的一定要做到，也一定能做到。

《商君書·錯法》說：「夫民力盡而爵隨之，功立而賞隨之，人君能使其民信於此如明日月，則兵無敵矣。」這裡就說到，君要對民有信，與民講信，這就是商鞅徙木示信的理論依據。

信，就是信用、信義。春秋時稱過霸的晉文公曾說：「信，國之寶也，民之所庇也」，就說出了「信」的重要性：信，是國家的寶貝，人民的依靠。

人類社會，本來就是或明或暗各種各樣的契約關係，要是沒有彼此之間的信任，哪裡還會有什麼正常的秩序和任何形式的合作？

或許，越是往古，人們越是從內心真正懂得信的重要。當人們開始滋長彼此間的猜疑時，信，也就開始動搖了，當人們需要用某些形式作爲信的憑證時，信已經不是原汁原味了。不過，有信義總是比沒信義要好。

信義，曾經留下了許多動人的故事。傳說古代有一個男子，名叫尾生，與他的女友訂下了約會的時間和地點，時間到了那女子卻沒有來，他堅持等待。約會的地方在一處河水乾涸的橋下，突然，上游來了大水，他本來是完全可以避逃求生的，但因有約在先，他堅守不動，終於被洪水捲走。

商鞅死後大約一百年在秦國寫成的《呂氏春秋》中有《貴信篇》，篇中不厭其煩地強調信的重要性：如果君臣之間無信，百姓就會發出怨言，國家不會安寧；當官無信，就不會有威信；賞罰之事無信，則百姓容易犯法，也無法讓他們服從命令；朋友之間交往無信，則會離心離德，難以親密；從事手工業的工匠無信呢？——那就會製造出僞劣產品來。

當年，在商鞅之前，吳起在魏國擔任西河守的官職時，就已經有過類似的做法，他聲言對按令搬動一根車轅的人給予重賞。有人照此做了，立即就給予上好的田宅，以此樹立起政治威信。商鞅只不過是如法泡製而已。

但商鞅的故事更有名，後人對此頗有讚詞，唐代著名詩人劉禹錫就稱讚他「徙木之行必信」，北宋時的著名改革家王安石則在《咏商鞅》詩中寫道：

自古驅民在信誠，一言為重百金輕，
今人未可非商鞅，商鞅能令政必行。

在秦國，他是「客卿」

商鞅並非秦人

說到商鞅，總把他和秦國聯繫在一起。很多人甚至以為他是秦國人，但是，商鞅並非秦國人。

說來有趣，在秦國，他是一個「客卿」，這樣一個在秦國政壇上舉足輕重的人物，竟然是一個「外國人」。

商鞅既不是秦國人，他也不姓商。

商鞅來到這個世上時，中國還是四分五裂的。中國歷史上的這個時代被稱為「戰國」。那時，東是齊，南是楚，西是秦，東北方是燕。中原廣大地區是趙、魏、韓——它們是由春秋時期的北方大國晉國分割而來，故習稱為「三晉」。因為除秦國以外的六國都在崤山、函谷關以西，所以將它們稱為「山東六國」或

「關東六國」。

除了「七雄」外，還有一些弱小的國家，如宋，如魯，如衛。衛在西周初年分封時是頭等大國，到春秋時，被狄人打敗，險些亡國，虧得齊國的幫助，才幸存下來，但已淪爲弱小，再無起色。到了戰國時期，它又得到秦國的扶持，成爲秦的附庸，一直存在到公元前二〇九年，竟成爲從西周初年至於春秋戰國壽數最長的封國。

商鞅就是衛國人。

關於商鞅的出身，我們知道的並不多。我們只知道，他是衛國的「諸庶孽子」，也就是國君的旁系支脈。這種人，那時多稱爲「公孫」。商鞅恰巧又姓公孫。公孫，相傳是黃帝之姓。黃帝居於姬水之畔，故又姓姬，周人也姓姬，衛國的始封者康叔，是周武王的親弟，因此商鞅的祖先本是姬姓。總而言之，商鞅並不姓商，在史書中，或稱之爲衛鞅，或稱之爲公孫鞅，商鞅則是他後來在秦國得到的封號。

史書對於商鞅的出生年代，亦未見記載，我們只能作粗略的推算，得知他大約生於公元前三九〇年。

秦國「老外」多

春秋至戰國間，很多關東各國的人跑到秦國，官居顯位，對秦國的強大發揮了重要作用。

早在春秋時期，秦穆公就重用了由余（原爲晉人，後逃亡入戎）、百里奚（原爲虞國大夫，後成爲晉國的戰俘，又淪爲陪嫁奴隸）、蹇叔（原是關東布衣）等人，他們輔助穆公，圖強謀霸，發揮了重要作用。

到了戰國時期，有更多的智能人士從關東西入秦國。

他們當中，著名者有張儀，他本是魏國貴族的後代，秦惠文君的時候跑到秦國，任秦相，側重於外交，縱橫捭闔，爲秦國奪得了大片土地，並拆散了楚國與齊國的聯盟，使這兩個關東大國嚴重削弱。

有范雎（一作范且，或誤作范睢，曾化名張祿），原是魏國人，入秦游說秦昭王，提出「遠交近攻」的策略。他在秦國也官至相國。就在他執政時，秦在長平之戰中大敗趙國，奠定了秦取得兼併戰爭勝利的基礎。

另有蔡澤，他是燕國人，秦昭王時來到秦國，范睢失意後他任相國，是和范睢齊名的人物。

還有呂不韋，衛國人，原是陽翟（當時屬韓國）的大商人，後在趙國邯鄲遇見在那裡爲人質的秦公子異人（後改名爲子楚），認爲奇貨可居，便下決心進行政治投機，他入秦活動，得到華陽夫人（秦孝文王的夫人）的支持，使子楚被立爲太子，子楚即位（即秦莊襄王）後，任不韋爲相，封文信侯，食邑十萬戶。莊襄王死，秦王政（即後來的秦始皇）即位時年僅十三歲，呂不韋掌實權，被稱爲「仲父」。待秦王政親政後，他才失權。

由此看來，秦國重用外國來的「客卿」是有歷史傳統的，其中的原因，一是由於秦國的歷史條件和文化環境，領兵打仗的將才還可以自產，但從政理國的智能之士則比較缺乏，需要從國外引進；二是秦穆公十分重視人才和引進人才，甚至以五張黑羊皮的代價換取已淪爲奴隸的百里奚，重用他爲大夫，讓他發揮了重要作用，這在秦國政治史上開了一個很好的先例，成爲後來歷代秦統治者的模範。

當然，這不是說秦國就不存在排外思想和排外勢力。有一個故事就足以說明問題：秦昭王派王稽為使者，出使魏國，偷偷地把在魏國受盡迫害幾乎丟了性命的范睢藏在車中，載回秦國，半途遇到秦國的相爺、大權在握的穰侯魏冉（他是秦昭王母宣太后的異父弟）。這時，多智且十分機靈的范睢警覺起來，因為他早就聽說秦國的穰侯是最不喜歡接納從東方各諸侯國到秦國去的客卿的人。由於不及躲避，范睢只好藏身車中。過了一會，穰侯過來，和王稽寒暄，末了，果然問了一句：「你該沒有把諸侯國的人帶過來吧，這些人沒什麼好處，只是給我們國家帶來麻煩而已。」說著就走了。但范睢還是沒有放鬆警惕，他判斷說，穰侯是個智者，只不過反應略慢一點，他走不多遠，一定還會回來搜索的，於是他就下車步行。果然不出范睢所料，穰侯很快就派人馬掉頭回來，搜查王稽的坐車，在確認車中無人後，才放過去。

由此可見，秦國的貴族集團對於東方六國入秦的智能之士是相當反感的，像穰侯這樣，已到了極為敵視的程度。

到戰國末年，秦國已到了統一天下的前夕，排外傾向又開始在統治集團內抬頭。這時，活躍在秦國政界的也有一個著名的客卿，他就是李斯。李斯是楚人，入秦後正待開創一番事業，恰好遇到秦國的宗室貴族勢力要求驅逐客卿，形勢對他極爲不利。但李斯勇敢地上書秦始皇，進行諫阻，受到秦始皇的採納，撤銷了逐客令。作爲客卿，李斯對秦國統一大業的秦朝政治，也起了十分重要的作用。

由此看來，秦國重用「客卿」，即秦籍以外的人，確是有傳統的，商鞅只不過是其中的一個。當然他也算是戰國時期比較早的一個。在東方六國入秦的要員中，要論對秦國歷史起的作用，那還是首推商鞅，別人都是無法和他相比的。

早年經歷

好學的公孫

早年的商鞅，就是一個好學之人。

戰國時代，文化已相當發達，學問也分類漸細，各種各樣。有人學儒，奉孔子爲宗師，有人習道，向老、莊求學問。墨子也是那時極有影響的大師，門徒衆多。儒、墨兩家，其時稱爲「顯學」。別的學問，還有縱橫之學，陰陽之學等等。甚至農也成一學，也爲一家，那時也頗被看重的。

這商鞅，特別喜好的是所謂「刑名之學」。何爲刑名之學？這是戰國時代法家的一派，要點是授官用人，循名責實，量刑施法，生殺予奪，說穿了，這就是關於統治術的學問，是當國君的如何駕馭臣下的手段和技巧。

商鞅的老師是誰？翻遍史書，只有簡單的記載，那就是尸佼。

尸佼，戰國時三晉（魏、趙、韓）人，一說是魯國人。據說他是商鞅的老師。又有一種說法，即他曾積極參與商鞅變法的策劃，商鞅被殺後，他逃亡入蜀，不知所終。他的著作是《尸子》，已亡佚，今有多種輯本。關於商鞅曾師從尸佼，見於班固的《漢書·藝文誌》的自注，雖不見得很可靠，但也並非毫無可能。尸佼的著作，《漢書·藝文誌》是列入雜家類的，如果尸佼確是所謂雜家，那商鞅還是「雜家」出身呢。

其實，商鞅的老師是誰，這並不重要，唐代大詩人杜甫有一句詩，叫做「轉益多師是汝師」，這大概可以對我們理解他的師承狀況和思想來源提供一些啓發。從商鞅的學問和為人等作綜合考察，可以看出他並不是專學刑名之學而不知它顧的。他懂得吸納百家，而且也確實在主學刑名的基礎上，把法家學說推進到一個新階段。

商鞅是一位博學而有豐富知識的人，他不僅是名氣很大的法家，還因為兵書之作而被列為兵家，可能他還有屬於農家思想的著作。從他的知識結構和學術成就而言，他確是當時一位高級知識份子。這些都是與他長期的勤奮學習分不開。

毫無疑問的是，他的學問的紮實底子，是在青年時期就打下了的。

公叔痤眼中的公孫鞅

公孫鞅先前在魏國，在魏相公叔痤手下做事，他的官職是中庶子（或謂御庶子）。古時貴族妻妾成群，衆妾所生之子均曰庶子，中庶子的職責就是掌管對庶子的教養訓誡之事。公孫鞅是公叔痤手下的家臣。

公叔痤十分器重公孫鞅，曾多次和他探討治國方略，深知他是當世不可多得的人才。正當他準備舉薦這個年輕人擔任更加重要的官職時，他突然病了，而且病得不輕。

其時魏國的國君是魏惠王，魏惠王親自去看望公叔痤。看到自己的老臣重病在身，凶吉難測，惠王很難過。

「公叔，如果您的病萬一有個不好說的話，國家大事該怎麼辦呢？」惠王憂傷地問道。

公叔痤知道他會有此一問，好像早就深思熟慮過似地說：「我手下的中庶子公孫鞅，年紀雖輕，但卻有奇才。願大王決定整個國家的大政時，按照他的意思辦。」

惠王聽他這麼說，沒有吭聲。

惠王又和公叔痤談了些別的，說著說著，就起身準備告辭了。

這時，公叔痤讓其他人都出去，這表明，他有極其機密的話要對惠王講。室中只剩下他倆了。惠王神色急切地望著他的老臣。

完全出乎他的意料，身體虛弱的公叔痤說出了一句充滿殺機的話：「大王如果不用公孫鞅，那就一定要殺掉他，決不能讓他跑出魏國國境。」

惠王答應了他，隨後就走了。

惠王走後，公叔痤把公孫鞅召來，對他說：「今天大王問起以後誰可以擔任國相重任。我推薦了你。但是大王的神色表明他並不同意。我對大王說，如果不用公孫鞅，那就殺了他。大王答應了我。你可以趕快逃走，要不的話，就沒命了。」

公孫鞅聽了這話，一點也不驚慌，他說：「大王既然不能聽您的話用我，又怎能按您說的殺我呢？」

公孫鞅沒有走。

惠王從公叔痤那裡離開後，就對左右說：「公叔病勢沉重，說話也不清醒了，眞叫人傷心啊！他竟然讓我把整個國事都聽那個公孫鞅的，豈不是太沒道理了嗎？」

何處是他用武地？

公叔痤死了。公孫鞅身在魏國，失去了靠山，究竟是留，還是去？

任何人要建功立業，都需要一定的條件，尤其是機遇。商鞅知道，惠王是不會重用他的。沒有惠王的重視，魏國也就沒有他施展才華的條件。

戰國初年，魏國是一個生氣勃勃的國家，有過一段輝煌歷史。那時，國君魏文侯英明有爲，重用李悝進行多方面的改革，使國家實力大增，又有吳起善於治軍用兵，魏軍強大，一時天下無敵。那時，稱雄於諸侯的，是魏國。魏國是戰國時期第一個霸主。

如果惠王能重用他，那有多好，他公孫鞅在文侯、李悝、吳起等先輩開創的基業上，一定能讓魏國更加強大。

但是，惠王不了解他，看他年輕，沒有資歷，不把信任給予他。

看來，留在魏國，他是不會有多大作爲了。

「合則留，不合則去」，他想起了這句當時在士人中十分流行的話。在那時，對於士人們來說，眞可謂海闊天空，在這一國不行，就去別的國家。哪裡有機會，就可以到哪裡去。人才流動，在那時倒不是一件難事，一句空話。不留在魏國，他可以走。

然而，走，又到哪兒去呢？

一段時間，他在等待消息，等待機會。

魏惠王的大錯

魏惠王沒有聽公叔痤的話，既沒有重用公孫鞅，又把他給放走了，這可眞是「一失足成千古恨」。

對於自己犯的這個大錯誤，他當時並未意識到，以後很長的時間裡也沒有充分意識到，直到二十多年後，已成爲秦國要人的公孫鞅帶領秦軍重創魏軍，魏國遭受嚴重損失時，他才重重地發出一聲感嘆：「寡人恨不用公叔痤之言也！」

然而，爲時已晚矣！

魏惠王不聽公叔痤的話，失去了世上一切珍寶中最貴重的無價之寶——人才。誰能否認商鞅是那個時代的曠世奇才呢？

世間萬事，最重要的因素是人。人才，是人中之傑，其價值不是以一般的算術所能計算的。中國早就有「千軍易得，一將難求」之言，事實證明，確有道理。商鞅在魏國時，地位並不高，也還沒有什麼突出的作爲，但公叔痤了解他，賞識他，知道他的才能，相信他前途不可量。正因爲這樣，他才向魏惠王推薦這個年輕人。然而，魏惠王沒有把他的話聽進去。

古語說：「相馬失之瘦，相士失之貧」。「相士」可以「失之貧」，也可以失之於其他，魏惠王之所以失公孫鞅，主要是失之於認爲他資歷淺、地位低、又年輕。當然，更可以說是失之於沒有認眞聽公叔痤的意見。

機不可失，失不再來；人才同樣不可失，失亦往往不再來。

魏惠王之後，世世代代，犯同樣錯誤的人，不知道又有多少。其中一個很重要的原因是，人才難察，不容易看準，察人，很容易憑感覺，從好惡出發，也極易被一些表面的、非本質的因素迷惑。當然，對於君主或權貴來說，面對人才，也很容易有陰暗心理，這也是人才多被遺漏的重要原因。

想當初，魏惠王聽了公叔痤的話，不動腦筋，不加考察，就簡單地下了結論，說公叔是因老因病昏了頭，稱他為「悖」。然而，事實證明，眞正「悖」的不是公叔，而是惠王。惠王之悖，不僅在於他沒有認眞對待公叔痤的意見，更在於他把公叔痤非常有價值的意見當作謬論看待，這正是《呂氏春秋》所說的「以不悖為悖」。

西行入秦

西來的消息

從西邊不斷有消息傳來，秦國的國君求賢招能，力圖強國。消息逐漸明朗，原來是秦國新繼位的國君孝公通告全國，讓外來的賓客和臣下獻計獻策，有人能提供奇計，就給以重賞，授以高官重任，予以封地封邑。

這孝公也確是求強國之心過於迫切，甚至做出了這樣的許諾，誰要是有能讓秦國迅速強大的良策妙法，給什麼都行。

在魏國沒有用武之地，無聊度日的公孫鞅，聽了這消息，確實感到振奮，一個人要創一番事業，沒有一定的外部條件是不行的。像他這樣有安邦定國之才的人，最需要的，就是明君的賞識和信任，要是有了這一條，他就會如魚得水，不愁不能實現平生的抱負。

不過，要立即就下決心離開生活了數年的魏國，也不是一件易事。尤其是要到秦國去，更是難以拿定主意。秦國，在那時的關東地區的人們看來，是一個很落後的國家。到那裡去後會怎麼樣，一切都還是一個謎，是凶多吉少，還是吉多凶少，這是叫誰也算不出來的。

思考猶豫了幾天，公孫鞅終於下定決心，到秦國去。他要冒這個險，他要去闖人生的一道道難關，這才符合他的性格，這才是他公孫鞅的本性。

可以說，這是他一生中最重要、最有意義的決定。

每個人的一生中，都可能會遇到重要的轉折關頭，何去何從，給人以極大的困惑。腳下是否邁出一步，這一步向哪個方向邁，眞可謂「失之毫厘，謬以千里」，這是常有的事。商鞅入秦，應當說是一個正確的、成功的決策。能夠做出這一決策，是與他善於審時度勢有關。

人生決策，也有點像股市上的投資決策，在衆多的股票中，選股極爲重要，而選股的重要原則之一是選擇成長股，也就是前景可觀，大有希望的股票。

在當時的「七雄」中，秦國是落後者、弱者，而東方各國都比秦國強大。但商鞅卻選擇了秦國，這就像是股市上的投資者選擇了成長股一樣，暫時看來尚無起色，但它蘊含著希望。

每一個人都長著眼睛。我們的眼睛，是讓我們向前看的。很早就聽到這樣一種教導：要善於發現新生事物，給予支持與扶植，未來屬於新生事物。這話確是有道理的，無論是如何看待新生事物也好，二千多年前一個叫商鞅的人如何選擇自己的政治前途也好，現代證券市場上選擇成長股也好，道理其實是一樣的，那就是要向前看，看未來。即使是歷史學家研究歷史，好像是在向後看，其實也是爲了更正確地向前看。

初入秦國

西漢武帝時，有一個齊人名叫主父偃（主父是複姓），他博學多才，但卻受人排擠。他離開齊地北遊，也沒人肯幫助他，後來他到當時首都長安，見了大將軍衛青，衛青幾次向武帝提起他，武帝都沒在意。他身上的錢用完了，人們都和他疏遠，他陷入了困境中。

唐朝初年，也有一個山東的窮書生，名叫馬周，窮困潦倒，後來到京城長安，一時無法，只好到中郎將常何家當門客。空懷大志，一籌莫展。

這兩個人都被唐代名詩人李賀寫進了詩中：「主父西遊困不歸，家人折斷門前柳；吾聞馬周昔作新豐客，天荒地老無人識」。看來，文人謀士，要想找到賞識自己的明主，得到施展才華的機會，實在不容易。

相對於商鞅來說，主父和馬周都是「後事」，商鞅的困頓，遠在他們之前。大約在公元前三六一年，公孫鞅西行，到了秦國的都城櫟陽。稍稍安頓下來後，他急於要見秦孝公。

然而，要見秦國的國君孝公，也不是一件容易的事。宮禁森嚴，宮廷似海，普通人是難以得到機會的。雖說孝公求賢，可他怎麼知道一個叫公孫鞅的人到了秦國。看來還得要想點辦法。辦法不是別的，就是走後門。

他打聽了一下，知道孝公有個寵臣，名叫景監，於是就去找他。景監也不是秦國人，而是楚國人，但他很受秦孝公信任。景監和這位魏國來的年輕人一接談，發覺他很有思想，於是答應把他引介給孝公。

古時締結婚姻，要靠媒人，媒人是不可或缺的仲介。看來，商鞅能見到秦孝公，也一樣要靠景監這個媒人呢。景監何等人，史書上對他沒有特別描述，縱然接近孝公，因其特殊的身份而有些權力，但他無論如何還是一個在歷史上無足輕重的小人物。然而，小人物也有可能在歷史進程中起關鍵性的作用，儘管在多數狀況下是無意的。不知當時景監將商鞅引介給孝公是出於何種意圖與目的，是為了財物？是因為希望秦國強大的愛國心？僅僅是忠於自己的職責？還是一個意圖不十分明確、不很經意的行動？這些都有可能。正因為歷史學家沒有記載下來，於是就留給我們廣闊的猜想空間了。不過，有一點還是可以肯定，他無論如何不會想到，他帶去見國君的這個剛從魏國來的年輕人，會在未來的歲月中對秦國的變化起那麼大的作用。

說動秦孝公

初見孝公

終於，公孫鞅見到了秦孝公。

機會來了，多麼難得的機會啊！對於公孫鞅來說，就看他怎麼把握了。

他開始了和孝公的交談。起初，孝公還有興趣聽他說，過不一會，就越來越不對頭了，孝公瞇上了眼睛，竟然打起瞌睡來了。公孫鞅也不敢發出太大聲音，只好輕聲輕氣地說，而孝公呢，顯然根本沒有在聽他的。

事情不妙，公孫鞅只好起身告辭。

這一夜，公孫鞅輾轉反側，怎麼也睡不好。爲什麼秦君對他的話不感興趣，自己有什麼不對頭的地方？第二天，公孫鞅去見景監，景監一見面就責怪他：「你是怎麼回事啊？昨天你一走，國君就把我罵了一頓，說，你引薦的那個人是個妄人，哪能頂什麼用？哎，白白給你這麼一個好機會了，眞可惜！」

公孫鞅心裡也很亂，一時也不知怎麼回答好，只好支吾著說：「我向國君進說帝道，可是他卻聽不進去。」

毫無疑問，孝公對公孫鞅這套並不感興趣。「話不投機半句多」，眼看著公孫鞅要沒指望了，他陷入了痛苦的思索之中。

「帝道」「王道」，換成「霸道」

接下去，一連好幾天，公孫鞅寢食難安，度日如年。難道他在秦國的希望就此葬送了嗎？

好不容易熬到第五天，景監派人來告訴公孫鞅，國君要再次接見他。

這一次，公孫鞅豁出去了，膽子也放開了，但是，還是沒能讓孝公滿意。他走後，孝公又責備景監，景監轉告公孫鞅，公孫鞅說：「我對國君進說王道，他還沒聽出名堂來，請您再給我一次機會。」

公孫鞅第三次見孝公，孝公對他的話感興趣了，不過，還沒有說是否用他。

等他走後，孝公對景監說：「你引進的這個客人不錯，我還想和他談。」

景監把這話告訴了公孫鞅，公孫鞅說：「我對國君說的是霸道，我看得出來，他有意要起用我了，只要他再見我，我就知道往下該說些什麼了。」

孝公既已被公孫鞅所吸引，當然還要見他的。公孫鞅和他談，越談越有勁，談著談著，孝公不知不覺地向前挪動著，離公孫鞅越來越近——原來，古人是跪坐在席子上的，那種姿勢叫做「跽」，兩人相向而跽，本來是保持一段距離的。要是談得投機，聽者就會主動向說者靠近，兩者之間的距離自然就會縮短。

就這樣，一連談了幾天，孝公也不覺得厭煩。

景監卻覺得奇怪，他禁不住問公孫鞅：「你憑什麼把我們的國君迷住了，國君怎麼這麼樂意聽你說啊？」

商鞅神秘而得意地笑了，沉吟了一會，他回答說：「我開始時向國君陳說帝王之道，想以三代爲例，而國君卻說：『那要太長的歲月，我沒有耐心等待。再說，有作爲的君主，都是在他的有生之年就成就事業，顯名於天下，怎能久久期盼幾十上百年，再來成帝成王呢？』明白了他的意圖，我就以強國之術來向他進陳，國君聽得滿心歡喜。不過，他這麼急切，也就難以與殷、周比較功德了。」

一番迷茫，幾度困惑，公孫鞅終於在秦孝公的心目之中，站住了。

講實際的秦孝公

商鞅講帝王之道，盡力描繪古人所喜歡追憶的「三代（夏、商、周）」的狀況，秦孝公不願意聽，原因是他想使秦國迅速強大起來，他感興趣的是「強國之術」，而那「帝王之道」——需要數百年才能實現的事，太遙遠了，他知道自己做不到，他要從切實可行的事做起。

秦孝公的目標很切合實際。當然，一個人不可只求近利，沒有遠大的理想；但也不可不腳踏實地，從實際可行的事情做起。按說，秦孝公不會不知道更遠一些的圖景，但他相信賢明的君主「各及其身顯名天下」——各在其力所能及的範圍內建功立業，而不是以描繪海市蜃樓爲滿足。

這對我們倒也是很有啓發意義的。每個人要想成就一番事業，不虛度此生，都要腳踏實地定一個可以企及的目標。一個目標實現了，還可以定更高的目標，但不要一下子就想去做自己的力量和條件不可能做到的事情。人的一生，目標是有階段性的，近期的目標實現了，就會為遠期目標的實現創造條件，但如果一下子就想得過於虛緲，那就可能踏空跌跤。

不過，作為一個國君，孝公對於公孫鞅的「帝道」、「王道」，也應該聽一下，多聽聽不同的理論、意見和方案，不僅沒有壞處，而且有助於開闊視野，只要善於選擇就行。孝公聽著那些玄遠一些的道理就打起瞌睡來了，如果不是因為公孫鞅講得不夠生動，那就是他的不是了。

但也不應過於責怪他，他才是一個二十剛出頭的小伙子啊。

在成功與失敗的分界線上

投奔秦國，尋找出路，公孫鞅差點失敗。這裡也有偶然性。

凡事都有偶然性，凡事都可能差之毫釐。歷史上，有太多、太多的「如果」。

西方有一名言：「如果克婁巴特拉的鼻子短了一點……」這也許是一個最著

名的「如果」。克婁巴特拉是生活於公元前六九～前三十年的著名埃及女王，她美貌絕倫，從現存的錢幣鑄像上約略可見她的風采：目如秋水，前額寬闊，鼻樑高挺，嘴唇動情。憑著絕世無雙的美貌，她先後征服羅馬的凱撒和安東尼，予羅馬歷史以重大影響。

把克婁巴特拉的容貌對世界歷史的影響說得那麼大，也許太過分了，然而，偶然性並非在歷史進程中沒有重要性。

如果，從魏國來的公孫鞅和秦孝公談不到一塊去，那秦國的歷史會怎樣發展呢？

然而，他們終於找到共同語言了，只不過，經歷了曲折。

如果——又是「如果」——他們雙方有任何一方缺乏耐心，那又會怎麼樣呢？

秦孝公曾討厭過公孫鞅，但他阻止了自己的感覺、看法轉變爲一種成見。

公孫鞅遇到過挫折，但他沒有因而失去信心。

他們都能戰勝自己，而戰勝自己很不容易。

他們之間有過很大的距離，但他們共同向著縮小這種距離的方向努力，這一努力終於獲得了成功。

歷史就是這樣。有時，千載良機，可能會失之交臂，秦孝公和商鞅，差一點沒有談成，但他們又終於找到了共同語言。這或許可以說是秦國歷史的幸運吧。

在商鞅之後，又有另一個成功例子，那就是范雎見秦昭王。范雎進到宮中，昭王讓左右都迴避，宮中旁無他人。秦昭王長跪（這是古人很莊重、恭敬的禮節）著，向范雎請教：「先生何以教寡人？」范雎回答：「唯唯（是是）。」如此這般，重複了三遍。這把秦昭王給弄懵了，說：「先生難道不給寡人一點指教嗎？」這時范雎才說出他的顧慮：「今臣羈旅之臣也，交疏於王，而所願呈者皆匡君之事，處人骨肉之間，願效愚忠而未知王之心也。此所以王三問而不敢對者也。」

於此可見，范雎見昭王時的心情，與商鞅見孝公時是相仿的。商鞅二易其術，兩變其道，而范雎則是先裝聾作啞，然後直接說出自己的顧慮，求得對方的理解，再謀求溝通。

想來范睢是知道商鞅見孝公的故事的。他對秦昭王的心態掌握得很準確，因此，初次見面，他就獲得了成功。

值得肯定的制度

秦孝公初步聽取了公孫鞅的意見後，又把秦國的貴族甘龍、杜摯找來，一起討論有關變法的重大國事。在討論中甘龍、杜摯不同意變法，因而和公孫鞅發生了激烈的爭論，公孫鞅據理力爭，終於在舌戰中擊敗了甘、杜，堅定了孝公的決心，定下了變法的大計。

對於秦孝公和商鞅、甘龍、杜摯等討論變法，一般人都完全著眼於商鞅與甘、杜二人的分岐，肯定商鞅，批判甘、杜二人，但忽視了對秦國一項優良制度的評價。

秦孝公和大臣在一起議事的做法，古時稱爲「廷議」，這在秦國是有久遠傳統的，早已形成所謂「祖制」。史書的記載中有這麼一個例子：秦穆公時，秦國戰勝了晉國，俘虜了晉惠公，應當如何處置這位敵國國君，秦穆公拿不定主意，大臣們也有不同的看法，於是群臣就在朝廷上，當著穆公的面討論，甚至爭辯得十分激烈。公子摯主張把他殺掉，以絕後患，而大臣公孫枝則認為這樣做太過分，會使晉人對秦國的仇恨大增，於秦國不利。他們二人爭辯得面紅耳赤，爾後，秦穆公經過一番斟酌，才決定採納公孫枝的意見，先放晉惠公回國，又讓他兒子到秦國為人質，這樣既給了晉國君臣面子，又把主導權操在手中，可謂兩全之計。

由此看出，所謂廷議，正是古代一種民主決策的方式，比君主獨斷專行要好。起碼來說，這樣做，可以把各種不同的意見擺出來，集思廣益，又可以把若干不同的方案拿出來比較，擇優而選。

商鞅變法後來是成功了，人們很容易覺得商鞅一開始就是正確的，似乎變法的問題根本無須討論，即使討論，也不應與甘龍、杜摯之流討論。這是後人作歷史結論的一種思維方式和習慣作法，而在實際操作過程中，遠不是那麼簡單，尤其是國家大事，關係重大，不能輕舉妄動，需要慎重對待。所以，秦孝公的作法是對的，秦國的傳統是應當肯定的。

甘龍、杜摯後來對變法的態度有何變化，不見於史，我們無從知曉。他們的意見，確實保守得可以，按照他們的理論，最好一切都按祖宗成制辦，什麼創新都不能嘗試。這種思想無疑是錯誤的，後來的事實，也完全證實他們是錯誤的。但如果史書上沒有留下他們的錯誤主張，我們又何從判斷商鞅的正確，而如果沒有一種民主的方式使他們有發表意見的機會，我們又怎能知道他們的觀點？更重要的是，商鞅和甘、杜兩方，孰是孰非，並不是在當初的廷議中見分曉的，而是在後來的實踐中證實的。所以，還是用得著今天常說的一句話：實踐是檢驗眞理的標準。

一言興邦

古人說「一言可以興邦」，這或許多少誇張了點。說得實在些，應當說，是好的主意，好的方案可以興邦。商鞅的改革方案，使秦孝公堅定了變法的信心，也明確了變法的具體方案，這就爲秦國的強大和振興開闢了道路。

商鞅對於秦國的實際情況，還是動了一番腦筋的，因此，他想出了不少切實可行的辦法。實踐也證明，商鞅的方案是不錯的。

商鞅喜歡用的詞語是「摶一」，即把秦國上下的力量調動起來，集中起來，去加強國力，去振興國家，去和六國爭奪，以建立秦國的霸業。他自始至終，堅持這個基本點，沿著這個方向去努力，所以終於取得了成功。

歷史上著名的劉備和諸葛亮之間的「隆中對」，奠定了他們二人合作的基礎，也確定了後來蜀漢生存的政治基礎。諸葛亮對劉備所說的一席話，也是一言興邦的典型例子。

自古迄今，政治家都希望找到好的治國方案，所謂「好」，就是切實可行，而且能產生明顯的成效。好的治國方案的產生，需要多方面的條件，其中很重要的一條是要有能識治國之要的人才，深刻而透徹地了解和掌握實際情況。好的治國方案，似乎是產生於政治家的頭腦之中，但它卻是現實的國情民情的產物。

在秦國度過後半生

封官加爵

秦孝公信任公孫鞅，委以重任，此後，公孫鞅終其一生，是在秦國度過的。他在秦國實行變法，使秦國富強起來。由於他有大功於秦，秦孝公以於、商之地封他。這兩個地區，大致在今河南西部內鄉縣和今陝西東南部的商縣一帶。正因爲商是他的封地，所以，人們就習慣於稱他爲商鞅，而他本來的姓名公孫鞅反倒鮮爲人知了。

就在這二十餘年中，商鞅的一生逐漸達到了頂點。

他先後被秦孝公授予左庶長和大良造的爵位。這是秦國的爵位，對於商鞅的任命來說，也應理解爲授予官職。左庶長，相當於左將軍，大良造，相當於大將軍，都是地位很高，掌握實權的官職，既是軍職，更體現了權位之隆。其時秦國軍功爵位重於官爵，因此，連《史記·商君列傳》都只記了他所膺的爵位，而沒有提及他擔任過的職務。當然，也很籠統地有一句「商君相秦十年」，無疑，商鞅就是孝公時期秦國的相國。

人生的頂點

商君在秦國，國君之下，位極人臣，在秦國獨一無二。

就在他從接近權位頂峰的次高點上掉下來之前五個月，秦國的要人趙良去看他，目的是警告和威脅他，也對他提出了激流勇退，圖保富貴的勸說。趙良在言談中說到商鞅的日常生活，是這樣描述的：他外出時，後面跟著數十輛車子，帶著武裝衛隊，由彪形大漢趕車，還要讓全副武裝的士兵在他的車旁開道，所有這些，只要缺一樣，他就不出門。

對於趙良的話，不見商鞅反駁，可見基本是事實，因爲趙良不大可能當面亂說。而且，商鞅權位已隆，戒心亦重，外出講究儀仗規格，重視警衛安全，都是情理之中的事。從這可以看出商鞅在秦國是如何志高氣盛。

趙良又說商鞅「南面而稱寡人，日繩秦之貴公子」。「寡人」，當時一般只有國君方得自稱，商鞅受封爲商君，稱「寡人」顯然是破了規矩，這是很容易遭人攻擊的僭越行徑。「日繩秦之貴公子」，說明商鞅把秦國的貴族管得很緊，監視很嚴，稍有不規，就加之以法。你看，在他的威懾下，公子虔八年間不敢出門，僅由此一例，就可以看出他可以稱得上是秦國的無冕之君了。

還有一個說法，就是秦孝公曾試圖把國君的位置讓給商鞅，但商鞅沒有接受。對於這樣的事，只能寧信其有，因爲相信吧，史書中只有一處提及，難以使人確信；不信吧，也並非沒有可能。中國歷史上是有把君位讓給別人的例子，很早時有讓於異姓的，如堯對舜，舜對禹。後來也有讓位於子孫的，如唐玄宗李隆基之讓位於其子肅宗李亨，南宋高宗趙構之讓位於其嗣子孝宗趙愼。戰國時期，也有燕王讓位給大臣子之的例子，此事發生於公元前三一八年。

所以，秦孝公欲讓位於商鞅，也並非全無可能。其實，在《商君書》中，也曾說到「堯舜之位天下也，非私天下之利也，爲天下位天下也，論賢舉能而傳焉。」（《修權篇》）這更說明孝公讓位之事或許眞的發生過。

車裂之刑的殉難者

孝公駕崩

公元前三三八年，秦國的第二十八位國君孝公逝世了。他只活了四十三歲。

秦孝公是秦國歷史上一位傑出的君主。不說別的，單說他慧眼識人，信任和重用商鞅，就稱得上卓犖不凡。人們都熟悉劉備和諸葛亮的君臣合作關係，而孝公和商君，也是堪稱模範的，只不過《三國演義》寫得很精彩，而更古老的秦國故事卻不太為人所知就是了。

秦孝公身為國君，有強烈的愛國精神和責任感，發憤圖強，意氣感人，實可和春秋末年的越王勾踐相媲美。細細論來，勾踐由於自己的嚴重失誤而使越國幾乎滅亡，他卧薪嘗膽固然可貴，但所做的一切實際是在挽回自己造成的後果。而秦孝公時，秦國雖然不夠強大，但日子也還可以混得過去，孝公能居安思危，嚴格地督責自己，殫心竭慮地思考富國強兵的大事，其精神較勾踐似更勝一籌。

實際上，在商鞅入秦之前，秦國的改革已經在孝公的發動下開始了。《史記・秦本記》明明有「孝公於是布惠，招戰士，明功賞」的記載，但人們一般都忽略了。「布惠」就是改革政治，給人民一些可以看得見的利益。「招戰士」，就是軍事上壯大國力的一項具體舉措。「明功賞」，是商鞅後來獎勵耕戰的先聲。因此，秦孝公並不是在商鞅入秦後才開始有振興秦國的具體行動的。

商鞅初到秦國時，即使他已得到孝公的信任，但要他在一個人、地兩生，各方面情況都還不熟悉的國家擔當重任，困難是很多的。因此，開始的時候，變法是在孝公主持下開展的，過了一段時間，商鞅才直接執政和主持變法。

孝公對商鞅之全心全力的支持，在戰國時期的國君中是少有的，就是在中國歷史上所有的君主中，也是不多見的。你看他聽任商鞅去進行變法，始終沒有表現出猜疑和不滿來，甚至當商鞅不顧「影響」（我們今天有時處理事情起來還常考慮所謂「影響」），嚴厲處罰了太子的師傅，他也沒有干涉他的做法。

很多歷史事件的命名是有缺陷的，早就有人指出，戰國初年魏國的變法應該稱為魏文侯——李悝變法，而不是像一般歷史書上所寫著的「李悝變法」。照此，我們也有理由說商鞅變法應該叫做「秦孝公——商鞅變法」，因為孝公對變法成功所起的作用也是很重要的，從一定的意義上說，沒有秦孝公，也就沒有商鞅變法及其成功。

商鞅之死

孝公去世，秦國政局發生了劇變。太子駟即位，他就是秦惠文王。以前受過商鞅懲處的公子虔等人告發商鞅企圖謀反，秦惠文王決定逮捕他。商鞅得到消息，就逃出咸陽，在逃亡途中，他天黑後到一處客舍投宿，旅店老板不認得他就是商君，不敢收留他，並對他說：「不是我不想讓你住下，這是商君定下的法令，旅店不准收留沒有證件的人，否則就要治罪。商君規定的法律太嚴厲，誰也不敢違犯哪！」

由於秦國法網嚴密，他在秦國無法立足，只好逃到魏國，但是魏國人因為在此前的戰爭中被商鞅所率秦軍打敗，所以對他恨之入骨，根本不能原諒他，並迫使他再回到秦國。

在走投無路的情況下他只好逃到他自己的封地商邑，發兵抵抗，並率領親兵出擊鄭（在今陝西華縣北），終於寡不敵眾，被秦兵殺死於彤（在今華縣西南），並被處以車裂的酷刑。

商鞅起兵反抗，帶有被迫自衛的性質，是他無可奈何的選擇，否則，他一開始就可以跑到商邑起兵，用不著兜一個圈子。要說他反叛，也僅是對秦惠文王而言，並不能說商鞅居心反秦，因爲他並沒有這樣做的必要和思想上行動上的邏輯。然而，按君主專制主義的理論來看，商鞅這樣做又是大逆不道的，因爲商鞅是臣，臣對君只有絕對服從的義務，而絕無違命反抗的權利。

魏國人痛恨商鞅是理所當然的，也是可以理解的。戰國時代，統一已漸成不可抗拒的趨勢，統一也是人心所向，但在商鞅的那個時候，能夠擔當統一任務的國家還沒有顯露頭角，各國人民都有強烈的愛國情感，希望自己的祖國能夠強大。楚有偉大的愛國者屈原，各國也都有自己的屈原或者屈原精神。

商鞅的死因

商鞅對秦有大功，但卻功成身亡，正當秦國蒸蒸日上的時候。使他喪命的原因是什麼呢？

後人的分析或解釋，歸納起來，主要有三說：

一是商鞅所行新法過苛，民怨太大。《淮南子·齊俗訓》就說：「商鞅立法而肢解。」東漢學者高誘的注說：「商鞅爲秦孝公立治法，百姓怨之，以罪肢解。」

二是因爲秦國的舊貴族早就恨他，早就想尋找機會進行報復，而機會終於被他們等到了。

三是商鞅位高權重，開始威脅到秦國國君的地位。如果孝公在位時，就曾打算把位子讓給商鞅，倘眞有此事，應該如何解釋？從好的方面來猜測，是孝公爲古道熱腸所使，爲了秦國的發展，不管社稷姓甚；從另一方面去想，說明在秦國商鞅的政治影響已超過孝公。秦惠文王繼位，作爲一個年輕的君主，在這樣一位富於治國才能的老臣面前，恐怕一開始就感到拘謹，對他的猜忌，必然產生。

這三者都與商鞅之死有關。當然，起主導作用的是秦惠文王的態度，如果他不下決心對商鞅動手，商鞅的地位和生命至少還可以維持一段時日。就在這時，那個曾受到商鞅嚴懲，爾後一度八年杜門不出的公子虔終於到惠文王那裡搖唇鼓舌了，他說：「大臣太重者國危，左右太重者身危。今秦婦人嬰兒皆言商君之法，莫言大王之法，是商君反為王也，大王更為臣也。且夫商君，固大王仇讎也，願大王圖之。」

從這段話可以看出，這個公子虔是很善於挑撥的，他確實窺透了惠文王的內心世界，最後一句尤為關鍵。惠文王本來就不無這些個念頭，經他這麼一攛掇，也就下了決心。

類似這樣的情節與語言，在中國政治史上不勝枚舉，一句話，這是君主專制統治不可克服的毛病。在這一制度下，君臣之間，不可能不猜疑。君比臣強吧，還好說；臣比君強，早晚要引起君的疑忌。孝公與商鞅，總算善始善終，確是難得，新登位的惠文王就難以和商鞅繼續這種合作關係了。

商鞅是深通法家理論的，照理他應該對君臣關係有足夠的警惕。但是，也許是他太成功了，也許是孝公對他太信任了，他沒有或者不願意多往壞的地方想，甚至當趙良威脅他、勸告他時，他也沒有予以足夠的注意和眞正的重視。也許他沒想到孝公會去世得這麼快，但孝公卻很快就撒手人寰，畢竟他是以孝公爲靠山的，孝公一死，他立即就籠罩在極度危險甚至是死亡的陰霾下了。

商鞅後悔了嗎？

歷史上有很多人做了事又後悔的例子。

秦國有一個著名的將軍就在臨死前發出了深深的追悔。這個人就是白起。說起白起，眞是直到今天怕聽到他所做的事情還是讓人毛骨悚然。就是這個白起，率領秦軍在長平之戰（公元前二六〇年）中大敗趙國軍隊，在趙軍投降後，把四十多萬降卒幾乎全部活埋。這可以說是世界戰爭史上一次罕見的屠殺戰俘的殘暴行動。類似這樣的暴行，在白起的軍事生涯中，一定還不少，僅在秦昭王三十四年，他在對魏戰爭中就斬首十三萬，又與趙將賈偃戰，把他的部下兩萬多人沉於河中淹死。

古語曰：「禍莫大於殺已降。」白起做了一件傷天害理的事，實在是殘忍之極。

後來白起也遇到了麻煩，他戰功越多，越引起當時爲秦相的范睢心中不安，范睢便以主和的姿態出現，使白起一舉滅掉趙國的計劃未能實現。在這種情況下白起鬧起了情緒，又發了點牢騷，秦昭王強讓他再度帶兵攻趙，他也不幹。結果，他的職務給一免到底，從大將降爲士兵，秦昭王還專門下了一道命令，不讓他留在咸陽城裡。

白起只得離開咸陽，秦昭王對范睢等人說：「看樣子白起離開咸陽是極不高興的，還有話沒說出來吶。」於是就派了使者賜給他寶劍，讓他自盡。臨死前，白起說：「我對天犯了什麼罪，而落到這般地步啊？」想了好一會，他似有醒悟地說：「我是應該死啊！長平之戰，趙國的降卒數十萬人，我騙他們投降，又把他們都殺死了，就這，我已足夠死的了。」

這是白起臨死前的懺悔。可惜太晚了。對於敵國將士來說，白起確是一個劊子手，不過秦國人可不這樣看，他死後，認爲他「死而非其罪」，以至於還到處祭祀他。

再看商鞅，他於逃亡途中投宿，遭旅店老板拒絕，聽了老板的話後，喟然長嘆，說：「嗟乎，爲法之弊一至此哉！」這一句感嘆，商鞅到底想要表達什麼，並不是那麼清楚。是追悔呢？還是自我譴責？追悔，又是一種什麼樣的追悔？反對商鞅的人就說：看，這不是他的報應嗎？自定的法律又正好反治其身，作法自斃，或者說是搬起石頭砸自己的腳！

處在窮途的商鞅是怎麼想的，他眞的有後悔之意了嗎？這，我們已無從知道。商君應該知道，法，一旦制定出來，就是那樣一種東西，它可能適合於任何人，包括熱衷於制定它的人。蠶蛾作繭自縛，這是它的一種本能；人，這種社會動物，是慣於作法自縛的，雖然這多半是理智的需要與表現，但有時也難免成爲「即以其人之道，還治其人之身」的一種嘲弄。

縱然商鞅在一個名不見經傳的旅店老板那裡嘗到了他所制定的法律的滋味，但也不能因此就把商鞅看成一個失敗的可憐蟲，一個被命運嚴懲的小丑。商鞅的法律確實太苛刻，但並不能因此而認爲商鞅實行法治的方向錯了，他關於法治的思路還是很有價值的，他以法治國的嘗試，也爲後人留下了寶貴的經驗和教訓。商鞅活著是爲了秦國的法治而努力，商鞅之死，也是對秦國法律的一個驗證。雖然他死得很慘，但他卻有權利爲他所推行法制的成功而欣慰。

《商君書》

流傳久遠的《商君書》

我們了解商鞅的事跡，主要的依據是司馬遷《史記》中的《商君列傳》，在《戰國策》等古籍中，亦存有關商鞅的記載。有一本書，也是與商鞅密切相關的，那就是《商君書》。

《商君書》是中國一部古典名著。流傳至今的《商君書》共含二十六篇，其中二篇有題無文，所以實存二十四篇。二十四篇長短不一，最短的《立本篇》僅兩百多字，長者如《算地篇》等在篇幅上幾乎十倍於《立本篇》。

戰國時期的韓非似已提到商鞅有著作流傳於世。西漢時問世的《淮南子》一書即提及的《啓塞》，《啓塞》也就是《開塞篇》，今《商君書》中有此篇。同時的司馬遷則說他讀到過商鞅的《開塞》《耕戰》，《耕戰》也就是今《商鞅書》中的《農戰篇》。由此可見，早在西漢時期，商鞅的著作就有流傳，並且甚受重視。

《商君書》一向爲人所重視。這裡舉一個例子，就是著名的歷史人物——三國時期蜀漢先生劉備就愛讀這部書。劉備在給他兒子禪的遺詔中，就對阿斗說：「可讀《漢書》《禮記》，閒暇歷觀諸子及《六韜》、《商君書》，益人意智。」說明劉備對此書評價甚高。至於阿斗當了蜀漢皇帝後，是否按照他父親的遺囑辦事，就不得而知了。

《商君書》的版權屬於商鞅嗎？

捧讀《商君書》，很容易產生這樣的想法：這是商鞅親自動筆寫就的嗎？這個問題由來已久。不好回答，難以確定。不好說是，也不好說不是，不能說全是，但又並非全都不是。

韓非在他的著作裡，曾幾次引用商鞅的言論，他又說：「今境內之民皆言治，藏商、管之法者，家有之。」這裡只說民家有「藏商、管之法者」，「商」

是指商鞅，「管」是指春秋時期的大政治家管仲，「商、管」之法，並不一定就是商、管本人的著作，至於商鞅是否有著作，著作是否就是《商君書》，韓非實際上並未言及。當然，「商、管之法」也不是不可以理解為有關商鞅、管仲思想的書，但關於商鞅的書，有可能是《商君書》，也可能不是。

今傳《商君書》肯定不是直接出於商鞅之手，它是一本文件、文稿的匯編。有人說，它是由商鞅的門徒編纂而成的，也有人認為，它是秦國主管國家檔案的官員編成，兩種說法都有些道理，或許兩種情況都有可能。當然，今天我們在《商君書》中所看到的大多數篇章，還是有商鞅所著的原始風貌的。關於《商君書》的作者問題，兩千多年來一直有不同的意見，至今也沒有形成一致的看法。

近現代一些學術大家都在研究《商君書》上下過大功夫，基本意見是兩類，一類是認為該書各篇均非商鞅所作，一類則認為書中有的是商鞅所作，有的不是。當然，究竟哪些是，哪些不是，各家的意見又不相同。總之，《商君書》的作者問題，是一個迄今仍未妥善解決的問題，也是一個有相當難度的問題。對歷史感興趣的人，總希望對諸如此類的問題得到確切的答覆，但由於年代久遠等原因，事實上是有困難的。

現在比較肯定的意見，是著名現代學者高亨先生的區分，他把《商君書》現存篇章分為六類，其中可以確定為商鞅所作的是《墾令》、《靳令》兩篇，有可能是商鞅所作的是《外內》、《開塞》、《農戰》三篇。他的結論是今天我們所見的《商君書》並非出於一人之手，亦非同一時期的著作，而是不同時期，不同人所作，是商鞅本人遺著與其他法家著作的合編，各篇的作者，需具體分析。

無論如何，可以肯定，《商君書》這本書基本上是商鞅思想的記錄。即使不是商鞅所作的文篇，也基本上反應了商鞅本人的思想。在缺乏更多更可靠的資料的情況下，我們了解商鞅的一生和他的思想，主要還是要依據這部書。從這本書中，我們可以看到商鞅的風采，想見他的為人，並獲得十分有用的思想資料。

在本書中，筆者引用《商君書》的內容採取謹慎的做法，對於現存《商君書》中一般認為不是商鞅所作的篇章，在引用時盡量加以說明。但由於《商君書》從總體而言反應的是商鞅的思想，所以，在把此書當作商鞅學派的思想來加以考察的情況下，不對某些言論是否肯定出於商鞅本人，進行過細的考索。

改革家商鞅

商鞅變法垂青史

變法——戰國時代的頭等大事

商鞅是中國歷史上最著名的政治家之一。作爲政治家，商鞅最大的作爲就是在秦國進行了改革，因此，商鞅生前身後，名氣最響的，是改革家。商鞅的一生，是和改革緊緊相伴的。

戰國時期，各國發生的改革被統稱爲變法。商鞅變法，便是那時最有名、也最成功的改革。

那是一個變革的時代，變法高潮在各國迭相出現。

首先是在魏國，有在魏文侯（公元前四四五~前三九六年在位）支持下李悝和吳起的變法。

李悝（約前四五五~前三九五年）廢除貴族的世襲特權，根據人的能力和功勞來選拔官吏，決定他們的待遇。他在魏國大力發展農業生產，實行「盡地力之教」，讓農民勤勉治田，使土地充分利用。他還推行「平糴法」，年成好，糧食豐足時，政府出錢大量購入，市場上糧食緊缺時，政府又撥出糧食，平價出售。通過這樣的辦法，來抑制糧價的過分波動，減輕由於「穀賤傷農，穀貴傷民」帶來的嚴重後果，兼顧了生產糧食的農民和依靠市場的穀物消費者的利益，政府也收到穩定政局等好處。李悝還制定了《法經》六篇，加強統治，強化對民衆的控制，從而使魏國能集中國力參與爭霸戰爭，成爲戰國初年首屈一指的強國。

吳起（？～公元前三八一年）和商鞅一樣，也是衛國人。他先在魯國爲將，後來到了魏國，受到魏文侯的重用。他在魏國實行了軍事方面的改革，嚴格挑選士兵，強化軍事訓練，並把具有相同特長的士兵編在一起，產生了類似兵種的組織系統。使魏國的軍事實力大爲加強。

魏文侯死後，吳起受到排擠，只好離開魏國，到了楚國。他受到楚悼王的重用，擔任了楚國最高的官職——令尹，主持了楚國的變法。

吳起認爲，當時楚國的國貧兵弱，是由於「大臣太重，封君太衆」，大臣、封君「上逼主而下虐民」，因此，他主張「損有餘而補不足」，削弱大臣、封君們的權勢，限制他們的利益。他採取果斷措施，精簡「無能」、「無用」的官員，裁汰那些「不急之官」。他還把舊貴族遷移到邊遠荒涼的地區去。

吳起在楚國變法的時間不長，楚悼王去世，吳起被害，變法也就中斷了，雖然楚國的變法也有所成效，但變法的成果沒有得到鞏固，這對以後楚國的發展有著長遠的消極影響。

除了上述變法以外，還有趙國公仲連的改革、韓國申不害的改革和齊國鄒忌的改革等。這些改革，都對所在國的社會進步、國力增強，產生了積極的作用。

爲什麼那時變法竟成爲一時的潮流呢？要明乎此，必須了解戰國時期的歷史特點。

戰國時期，我國歷史正處於巨大的變革時期，當時生產力由於鐵器的使用，而出現了激增，但生產關係和社會生活的許多方面卻與此極不適應。七國並立的局面，使每個國家都處於嚴峻的競爭狀態和強大的外部壓力下。不管哪個國家，都要面臨生存的考驗，而生存之道，只有富國強兵一途。

要富國強兵，就要充分發掘內部潛力，要由新興的政治力量掌握政權，調動國內各種積極因素，使國家的能量充分聚集起來，發揮出來。要實現這一切，只有進行變法。

因此，變法便成了一時的熱潮。變法的目的，正在於改革經濟、政治和軍事等方面的制度，使之適應生產力發展和各國壯大國力的需要，謀求富國強兵，並在競爭特別是兼併戰爭中爭取生存，爭取優勢。

秦國更需要變法

對於戰國時期的各國來說，任何一個國家都需要改革，秦國當然也不例外。公元前三六一年，秦孝公繼位，當上了秦國國君。孝公名渠梁，那年只有二十歲。他把「不忘社稷」看作君主的道義，是個年輕的愛國者。

任何一個愛國者，都熱切地希望自己的祖國昌盛強大，特別不能忍受祖國落後、弱小而被人欺侮，受人輕蔑。

孝公繼位後，日夜想著如何使秦國迅速富強起來。他曾說：「諸侯卑秦，醜莫大焉。」——諸侯看不起秦國，沒有比這更使人無法忍受的了。

「諸侯」，指的是當時關東齊、燕、趙、韓、魏等國。諸侯為什麼輕視秦國呢？主要原因，一是因為秦國僻處中原文化區之外的西部，被認為是文化落後的國家，而更重要的是秦國那時國力不強，在和東方六國的鬥爭中處於劣勢。落後，不僅要挨打，而且要被人瞧不起，這是自古至今的通則。

後人追思秦孝公，不能不對他肅然起敬。他最可貴之處，就是有一顆強烈的愛國心。他牢記著國醜國恥，銘心刻骨。秦國的變法和成功，與他這股愛國熱情是分不開的。

從秦襄公到秦穆公

秦是東周初年平王東遷時才誕生的諸侯國家。

西周末年，周幽王被殺，平王被迫將都城從鎬京（在今西安附近）遷到洛邑（今河南洛陽），秦襄公被封為諸侯，位於渭水流域的廣大地區，便成了秦的封地。

秦立國之初，非常艱苦，因爲它處在戎、狄的包圍之中。所謂戎、狄，古人是指西方和北方的遊牧民族，他們居無定處，生活在馬背之上，成年人個個都會騎馬、射箭、打仗，因此具有強大的戰鬥力，經常深入農耕區進行劫掠，以農耕爲生的居民往往不是他們的對手。秦人生活在這樣的環境中，其艱難程度可以想見。

但是，秦人有著異常堅強的意志和堅韌不拔的毅力，他們克服了難以想像的困難，一個朝氣蓬勃的新興國家，終於在西部崛起。

春秋時期，秦穆公在位時，秦國曾經強盛過，在諸侯國中稱過雄霸。秦穆公名任好，他知人善任，百里奚、蹇叔都受到他的厚遇。

百里奚原是虞國的大夫，晉國滅了虞國，他隨虞國的國君一起作了俘虜，晉國把他作爲陪嫁的奴隸，他又隨秦穆公夫人到秦國，但他從秦國逃到宛（在今河南西南部，當時屬楚國），落到楚人手中。秦穆公知道百里奚是個人才，本想以重金贖他，但又怕楚人因此反而不放人，因爲楚人會想，秦國用這麼高的代價來贖人，此人肯定並非常人。所以就用五張羊皮去贖他，楚人也就把他交出了。當時百里奚年已七十，穆公和他談論國事，談了三日，穆公感覺很投機，就委以國政，把他稱爲「五羖大夫」。羖，意爲公羊。

這時，百里奚又向穆公推薦了他的好友蹇叔。百里奚是在遊歷齊國遇到困厄時和蹇叔認識的。百里奚想爲齊君效力，但被蹇叔勸止，結果沒有陷於齊國的內亂。後來，百里奚到了周，周王子想用他，百里奚徵求蹇叔的意見，蹇叔又勸阻他，結果使他免於殺身之禍。後來他當虞國的大夫，蹇叔也是極不同意的，但百里奚卻終於沒有聽，結果成了亡國大夫。百里奚從親身經歷中看出蹇叔確有見識，心悅誠服，因此他向穆公舉薦蹇叔。穆公聽了，深信不疑，派人送去很重的禮物聘蹇叔爲上大夫。

秦穆公的善舉

穆公還有兩件事，歷來是爲人們所稱道的。

其一，穆公十二年，晉國發生了大旱災，向秦國請求援助。穆公與臣下商議，丕豹的意見是不給，不但不給，而且應該趁機出兵，攻打晉國。而公孫枝、百里奚的意見則是應該施援。百里奚：「夷吾（晉惠公）得罪了您，但晉國的百姓沒有責任。」秦穆公採納了他們的意見，派了大批船隻，運送了大批糧食，幫助晉國克服災荒。

其二，有一次，穆公的一匹好馬跑丟了，被居住在岐下的「野人」抓獲，他們把馬殺了，共有三百多人分吃了馬肉。後來官吏追查到了，就要嚴辦他們。這時穆公卻說：「君子不應該因爲牲口而害人。我聽說吃了馬肉，如果不喝酒的話，那是對身體有害的。」於是他不僅赦免了那些吃了馬肉的人，而且還賜給他們酒喝。這就使那幾百個「野人」很感動，一直想要報答穆公的不殺之恩。

他們所希望的機會終於來了。穆公十三年，秦國遭受飢荒，向晉國求援，晉君聽從臣下意見，以怨報德，不但不給秦國援助，還準備興兵伐秦。在這種情況下，秦穆公發兵，親自出征晉國。兩軍交戰於韓原，穆公在追擊晉君時，被晉軍包圍，穆公受了傷，情況危急。這時，突然殺出一支三百多人的隊伍，衝向晉軍，迫使晉軍解圍，救出了秦穆公，逮住了晉君。穆公一問，才知這三百多人就是自己以前赦免的那些「野人」。

公元前六二八年，也就是秦穆公三十二年，春秋時期第二個霸主——晉文公死去，這就使秦國東邊的壓力有所減輕。這一年，有個名叫杞子的從鄭國派人向穆公報信說，鄭人讓我掌管著都城北門的鑰匙，如果趁機前來偷襲，就可以一舉佔領鄭國。穆公向蹇叔諮詢，蹇叔認爲勞師遠襲，本非良策，更兼鄭國必定會知道秦國出兵的消息，有備於先，這樣，秦軍是佔不到便宜的。但是穆公一心要出兵，聽不進蹇叔的意見，召百里奚之子孟明視和蹇叔之子西乞術、白乙丙，使其領兵出征。結果，正如蹇叔所預見的那樣，秦軍到達鄭國時，因鄭國已早有準備，只得退兵，在經過崤山時，遭晉軍伏擊，幾乎全軍覆沒。

這是春秋時期秦國東進所遭受的一次嚴重挫折，秦穆公沒有把責任歸於將領，而是主動承認自己決策的失誤。他公開作了檢討（見《尚書·秦誓》），牢牢記取這次教訓。

雖然這次失敗的遠征給秦軍造成了巨大的損失，使穆公東進圖霸的戰略意圖嚴重受挫，但穆公並未氣餒。他明審形勢，把秦國發展的戰略重心放在西線，向西部的戎王之國進攻，結果是「益國十二，開地千里」，在遼闊的西戎地區建立了秦的霸業。

此後，秦雖然始終是西方大國，但一直沒有很大起色，特別是進入戰國時期後，由晉分割而來的魏國十分強大，一時成爲霸國，秦國更相形見絀。

秦獻公時代的秦國

秦獻公是公元前三八五年即位的，他曾流亡國外三十餘年，長期的磨難，培育了他堅強的意志和振興秦國的決心。他在位的二十四年間，對內整頓秩序，實行改革，使秦國的實力有了增長。

國君死去後要以活人殉葬，這是秦國一項野蠻制度。秦穆公是一位有爲的國君，但他死後殉葬者多達一百七十七人。秦獻公一即位，即宣布「止從死」，廢除了實行已久的野蠻制度。這對秦國社會的發展，是有顯著的積極意義的。

秦穆公又把都城從雍（在今陝西鳳翔南）遷到櫟陽（在今陝西臨潼北渭水北岸）。但秦的宗廟仍在雍，一部分貴族、老臣亦仍住在雍，這對秦獻公進行改革，避免干擾，反倒是有利的。遷都，是秦東進戰略的重要組成部分，它對於秦與東方六國的爭奪，增加了優勢。

秦獻公時期最主要的改革是「爲戶籍相伍」，也就是編定戶籍，這樣做，一是使國家加強了對社會基層和民衆的控制，二是便於徵收賦稅，這都是有利於增強國力的。

到了獻公晚年，秦對外的戰鬥力明顯加強了，秦獻公開始對外用兵，收復失地，擴張領土，公元前三六四年，秦和當時的諸侯強國魏國進行了石門之戰，取得了一次較大的勝利。這對秦擴大它在東方的軍事影響，是很重要的。與此同時，秦在西線的統治地域也進一步拓展了。

總的說來，秦獻公時期的秦國，出現了明顯的上升情勢，秦國歷史正在迎向一個輝煌時代。戰國時期秦國的變法，序幕是在秦獻公時拉開的。

秦孝公的強國夢

公元前三六一年，當秦孝公登上了統治秦國的寶座時，與秦接壤的東方大國是魏國和楚國。它們把秦國和東方分割開來，使秦國僻在西部，無法參加中原諸侯的會盟，中原各國也把秦國當成所謂的「夷狄」，這在那時是明顯帶有輕蔑色彩的。

孝公即位後，即發布命令說：「昔我穆公自岐雍之間，修德行武，東平晉亂，以河爲界，西霸戎狄，廣地千里，天子致伯，諸侯畢賀，爲後世開業，甚光美。會往者厲、躁、簡公、出子之不寧，國家內憂，未遑外事，三晉攻奪我先君河西地，諸侯卑秦，醜莫大焉。獻公即位，鎭撫邊境，徙治櫟陽，且欲東伐，復穆公之故地，修穆公之政令。寡人思念先君之意常痛於心。賓客群臣惛愛分明能出奇計強秦者，吾且尊官，與之分土。」

這是一篇充滿愛國主義激情的國君政令。秦孝公曾說一代代的國君都不應當忘記社稷（國家），他正是這樣做的。

這裡追述了秦國穆公時期的歷史，這足以令子孫引以自豪。

這裡又滿懷憂患地提到從厲公、躁公、簡公直到出子（他是秦惠公子，立二年被獻公所殺）由於內亂所造成的國力衰弱，以至爲諸侯所鄙的國恥。

這裡也提到孝公的父親——獻公時秦國出現的轉機。獻公在位二十四年，把首都從雍遷到櫟陽，作出把秦國戰略重心東移的姿態。

更重要、也更可貴的是，秦孝公在這篇政令中發出了「強秦」的誓言，並以優厚的條件向「賓客群臣」徵求實現強秦目標的奇計。

孝公的這篇「強秦」宣言，表明他是多麼急切地希望秦國迅速強大起來。也正是這篇宣言所公布的政策，把公孫鞅等傑出人物從千里之外召喚到秦國來。

強秦這一目標確定了，但如何才能使秦國強大起來，必須找到辦法，找到一條道路。

但是，這並不那麼容易，需要適合秦國國情的辦法，需要善於從思想、理論進行總結，需要巨大的智慧。

總方針似乎比較容易確定，那就是「變法以治」。

但如何變法，這個問題需要回答，也必須回答。

探索首先在激烈的爭論中開始。

這一天，在秦國的宮殿中，孝公主持國家大政的討論，參加者有公孫鞅、甘龍、杜摯三人。他們討論的中心題目有三：「世事之變」「正法之本」「使民之道」。

秦孝公首先發言，他說：「今吾欲變法以治，更禮以教百姓，恐天下之議我也。」

秦孝公出語不凡，由他的話中可以看出，他確有變法的願望，但也還有顧慮尚未消除，這一顧慮就是：「恐天下之議我也。」

疑事無功

人畏人言

說來也怪，人做什麼事，最怕的往往不是做事之難，而是別人會怎樣議論自己。

怪不得，中國有句老話叫做「人言可畏」。

《詩經·鄭風·將仲子》裡那個女子幾乎是用哀求的口氣說：「將仲子兮，無逾我園，無折我樹檀。豈敢愛之？畏人之多言。仲可懷也，人之多言亦可畏也。」兩千多年前的詩是不太好懂，要是翻譯成今天的白話，那就是說：「請那老二啊，不要翻進我的園子，不要弄壞我的檀樹；不是我愛惜東西，是怕人們的七言八語。老二叫人想念，可人們的七言八語也叫我害怕啊。」

兩個人相愛，本來只是兩人之間的事，可別人要七言八語，而當事人別的不怕，偏偏最怕別人的閒言碎語。身爲一國之君的秦孝公，在考慮他的變法時，竟也是首先想到怕天下人的議論。

秦孝公、商鞅之後一千多年的王安石，在歷史上也是以搞改革著名，他也遇到類似的難處，他的果斷回答是：「人言不足恤。」意思是說，不去管他，人言沒什麼可怕的。但王安石是否眞的不怕了呢？反正他的改革沒有成。

不過，「人言」干擾的事情外國人也一樣遇到，但他們的態度似大不相同，可見於義大利偉大的詩人和思想家但丁那句名言來：「走你自己的路，讓別人去說吧！」

人要有主見

針對孝公的疑慮，公孫鞅以「疑行無名，疑事無功」來勸導他，並讓孝公趕快定下變法的大計，不要去管他天下人的議論。他的理由是：

有異乎尋常行爲的人，往往不能被普通人理解，有先見之明的人，常常還要遭衆人嘲笑。有這麼一句俗語：「愚笨的人對於已成定局的事也看不出來，而智者卻能在事情發展的萌芽狀態就看出苗頭來。」郭偃的書中有句話說：「追求至高道行的人，不去隨波逐流，而要成大功的人，用不著一一去和人們商量。」

他又說：「遵循成法是爲了愛民，按禮辦事是爲便於成事。因此，聖人只要能強國，不拘泥於成法，只要有利於百姓，不死守禮制。」

孝公聞此，說了一聲「好」！

我們不能要求商鞅有後來才出現的某些進步觀點，譬如說，群衆觀點。二千多年之後的人，只要不比商鞅還糊塗、還落後就行了。商鞅是說到「成大功者不謀於衆」，這話，在我們今天看來，是錯誤的，爲什麼想成大事業的人就不能與更多的人商量，以便集思廣益呢？當然，我們對這個問題不能過於絕對化，即使商鞅所說的「衆」就是「群衆」（我們相信商鞅所說的「衆」和我們所說的「群衆」在意義上還是有所差別），但是，群衆，對任何一個問題，難道就不會有不同的看法嗎？

其實，無論何時何地，人們的認知標準總有差異，人們對問題的看法也就不會完全相同。愚者總是和智者相比較而存在的，存在有預見性的智者是完全可能的。人們對於任何問題，任何時候，都可能會有不同的看法。

人們的認識能力有差異，對事情的觀點會不相同。更重要的是，人們對很多事情還有切身利益的關係，由此決定人們對某些問題會有不同的態度。特別是涉及到對舊事物、舊制度的改革時，往往有人傾向於維持原狀，有人主張改動，即使是同爲主張改動的人，如何改法，改動的幅度與節奏，也會有不盡相同的意見。正因爲這樣，進行改革，要想完全統一思想，在統一思想之後再來進行，是不大可能的。

有一句成語叫做「築室道謀」，源出《詩經·小雅·小旻》：「如彼築室於道謀，是用不潰於成。」意思是說，自己要造房子，卻去跟過路人商量，這樣，房子是蓋不成的。這也就是說，任何事情的主持者，必須要有自己的基本原則和一定主見，如果東問西問，道聽途說，那是辦不好事的。從這個意義上來說，商鞅確有對的一面。

商鞅與孝公討論變法大事，他把「愛民」、「利民」掛在嘴上，並和強國相提並論，這對孝公是很有吸引力的。他那種只要能強國、利民，就不要過多顧忌成法定制的思想，是十分可貴的。當然，商鞅的言論並非沒有缺點，進行改革、有先見之明的智者，不是不可以對認識滯後的人們作一些宣傳和說服工作，變法這樣的「大功」也並非完全不能「謀於衆」，即和較多一些人商量，這樣，是可以爭取到一些改革的支持者，有利於減少改革的阻力的。商鞅的這些缺點，是由他所屬的學派的根本特點所決定的，也與他所受的種種限制——包括我們常說的階級的、時代的種種限制——有關。

當變須變

法不當變嗎？

正當公孫鞅說得口沫橫飛，孝公聽得興起的時候，在坐的甘龍明確地表示了他的反對意見。他說：「不對。我聽說，聖人是不改變人民的禮俗來施行教化的，智者是不搞變法來治理國家的。按照人民的習慣來進行教化，不費功夫而功效明顯。依據成法來進行統治，官吏熟習而人民安定。如今要變法，不按秦國的老規矩辦，換一套辦法約束人民，我恐怕天下都要議論甚至笑話國君，請您多加考慮才是。」

甘龍的話，中心意思還是兩個：一是法不能變，變法沒有好處，還要添麻煩；二是變法變法，弄得不好，要惹天下人笑話的。

一個受信任的老臣這樣說，免不了讓孝公心生狐疑，他回過頭去看公孫鞅，看他有何說法。

這時，形勢對商鞅來說是一個嚴峻的考驗。一個外來人，剛來秦國，跟國君一起討論國是，又碰上持有不同意見的重要人物，這局面實在不好對付。俗話說，伴君如伴虎，而虎的旁邊還有兩隻豹子。

但這時，他已經只有進路，沒有退路了。如果他不能戰勝甘龍他們，他就會失去在孝公心目中的地位，他所設想的改革方案，也就會完全成為泡影。

他毫不怯懦。反而理直氣壯地對甘龍說：「您所說的，是世俗之言。常人安於守舊，學者為有限的知識所束縛，憑這兩條，都只能當官守法，而難於超越於成法外，有較高明的見解。夏、商、周三代，禮制不同，但都可以為王；春秋五霸，做法不同，但都稱了霸。所以智者制定了法度，而愚者為法所制，賢者懂得改變禮制，而不賢的人們卻拘泥於禮制。跟拘泥於禮制的人是不好談大事的，和為法所束縛的人是講不通變革的，請您不要再持疑慮了。」

公孫鞅言辭鑿鑿，說得甘龍無話可說。

自古到今，沒有一成不變之法，也不能絕對地劃分什麼「古法」、「今法」，應該根據實際情況來確定政策和辦法，切實可行之法，即是好法。當老政策、老辦法已經不適用時，就應該堅決而又穩妥地變革了。當變就得變，如果不能及時地變，就會造成損失，所以世無定法，即無不變之法，世間一切都在變，法爲什麼不能變呢？

事事要法古嗎？

這時，在一旁憋了半天的杜摯發話了：「我聽說過，沒有百倍的利益，就不變更法度，沒有十倍的功效，就不更換器具。我又聽說過，取法於古，是沒有過錯的，按照通行的禮制辦事，不會有問題。請我君好好考慮啊！」

杜摯說的「利不百，不變法」，流行了數千年，一直是保守派最基本的口頭禪。當然，變法要有利，是對的，誰都不想幹無利之事，但是要新法十全十美，也是不切實際、不可能的，而反對變法的保守派，往往就是抓住新法的一些難以完全克服的缺點，對新法全盤否定，並進而得出結論：新法弄砸了，還是不變的好。

公孫鞅振作精神，又來對付杜摯的挑戰。他說：「前世的教化並不一樣，我們效法何者呢？古時帝王的做法也不是一再因襲的，我們又以誰的禮法為準呢？伏羲、神農是重教化而不行殺戮的，黃帝、堯、舜只懲處犯法者而不罪及他的家屬。到後來的文、武，又都是按當時實際情況立法，按需要而制禮，禮法是因時而定的，制度政令都是適合實際的，連兵甲器備，也都是適於使用的。所以我要說，治世各不相同，並非只有一種道理，有利於國家的事，不必要效法古典。像商湯、周武王他們沒有遵行古式，但卻興盛起來，殷、夏到了末代滅亡了，倒是不改變禮法的。因此，不按古法辦事的，未必就是沒有道理的，嚴守禮法而不稍變更的，也不值得肯定，請君王不要再為是否變法的事疑惑了。」

公孫鞅的理由這麼充分，杜摯、甘龍還能說什麼呢？孝公聽他的辯駁，十分滿意，便說了一聲「好！」充分肯定了公孫鞅的意見。

他不再犯疑，決心已下，變法之事就這樣定下來了。

「不必法古」

作爲改革家，商鞅的基本指導原則是「不必法古」。

所謂「古」，就是歷史，就是前人的做法、經驗。不法古，並不是說不應當重視歷史經驗，而是不要讓歷史把自己束縛住。

中國是一個歷史悠久的國度，又是特別重視歷史及重視歷史經驗的國度。這是我們這一民族的優點，同時也是缺點。

「前事不忘，後事之師」，歷史是教訓，歷史是老師。但是，什麼都要到歷史中去找根據，過於迷信歷史，歷史也會成爲對人對事的絆腳石。

迷信歷史，也許是因爲好古。古時是老祖宗的時候，老祖宗是值得尊敬的，人總不能「數典忘祖」，於是，崇古心理也就自然形成了。古人古事離得遠，無從詳考，充滿神秘性，既能讓自己信而不疑，又能糊弄得了別人。這大約就是「古」的好處。

所以在中國有個傳統，叫做貴古而賤今。《莊子》說：「夫尊古而卑今，學者之流也。」，《淮南子》又說：「世俗之人，多尊古而賤今。」說明這個傳統已很悠久了，在社會的上層和下層，都有很大影響，你要論證什麼是對的，只需要從古人古事那裡找到證據，你要想否決什麼，只需問一聲：這事古時候有過嗎？

先秦時期的「顯學」——儒家與墨家，都是主張法古的，他們「俱道堯舜」，只是取捨不同而已。後來墨家衰微了，儒家獨尊，儒家動不動就「先王」如何，「三代」如何的基本態度，對後世的消極影響很大。

明白了這個道理，再來看看中國歷史上一些大人物的行事，也就可以明白他們的苦衷了。王莽改制，用的辦法就是「托古」。「中國的作文與作人，都要古已有之」，魯迅就曾這樣說過。

商鞅的了不起，在於他確認了一條原則：做事不必法古。

歷史是不斷進步的，總體趨勢是後勝先，今勝古，如果眞是「一代不如一代」（此語最經典的出處是魯迅的小說《風波》，是那個九斤老太所言），人類豈不是不能前進，只能後退，早就蛻化得如蟲豸都不如了嗎？

商鞅和杜摯、甘龍的基本分歧，就在於從實際出發，還是從古（或：前）人已有的模式出發？

商鞅的可貴或者聰明之處，是他已經懂得設計他的改革，從古人那裡找不到榜樣，只有從實際出發，只有自己來走出一條路。

這和今天的先進思想，在認識方法上，也不是沒有相通之處。

甘龍、杜摯的不識時務是很明顯的，他們被孝公稱為「愚者」，實在是太正確了。

公孫鞅在辯論中戰勝了甘龍、杜摯，取得了孝公的充分信任，他被任命為左庶長——這個職務，大致相當於左將軍，開始成為秦國政壇上的重要人物。

變法的基本內容和性質

變法的基本內容

在孝公的信任、支持下，商鞅在秦國的變法開始了。這一年是孝公三年（公元前三五九年，一說六年，那就是公元前三五六年）。

據記載，新法出爐主要是在這一年和孝公十二年（公元前三五〇年）。

變法的主要內容有下列幾點：

一、進行土地和賦稅制度的改革，使之適合發展生產、增加政府財政收入的需要。

二、重農抑商，獎勵耕戰，把全國人民的力量集中到增強國力的目標上去。

三、取消或限制宗室貴族的世襲特權，通過軍功爵制的推行，建立有利於鼓勵為國家建功立業的等級制度，從而使等級制度動態化，成為調節各社會集團利益關係、確立有效的社會激勵機制的鍵盤。

四、實施商鞅的法治理論，努力在秦國建立法治型的君主專制統治。

五、普遍推行縣制，加強中央集權的統治，提高行政效率。

六、通過建立什伍連坐制，加強在社會基層的統治，嚴法重刑，迫使人民服從專制統治的意志。

七、統一度量衡，給政府管理和經濟生活帶來便利。

八、移風易俗，增加社會結構和社會生活中有利於富國強兵的積極因素。

在變法過程中，還把秦國的都城從櫟陽遷至咸陽，使秦國的政治中心也更適合國家發展的需要。

關於這些內容的詳細述評，將在以下的相關題材中涉及。

關於變法性質的探討

對於商鞅變法的性質應該怎麼看呢？

這個問題，在中國的舊史學上並沒有很好地討論過，也沒有人去深入探討商鞅變法的性質問題。西漢的大學者、大思想家董仲舒對此有所論及，他說：「至秦則不然，用商鞅之法，改帝王之制，除井田，民得賣買，富者田連阡陌，貧者亡（同「無」）立錐之地，又專山澤之利，管山林之饒，荒淫越制，逾侈以相高；邑有人君之尊，里有公侯之富，小民安得不困？又加月為更卒，已復為正，一歲屯戍，一歲力役，三十倍於古，田租口賦，鹽鐵之利，二十倍於古；或耕豪民之田，見稅什五。故貧民常衣牛馬之衣，而食犬彘之食。重以貪暴之吏，刑戮妄加，民愁亡（同「無」）聊，亡逃山林，轉為盜賊，赭衣半道，斷獄歲以千萬數。」

這一段話，是不大好懂的，其基本傾向，是對商鞅變法所帶來的後果持批判的態度。董仲舒認為，商鞅變法，改變了古制，從而加重了人民的負擔，加劇了社會的貧富分化，特別是土地私有制度的確立，造成土地佔有極不平均的狀態。這段話雖然重在揭示現象，但也多少涉及對變法性質問題的認識，董仲舒掌握了變法對土地制度進行改革的這一實質性問題。但是，董仲舒仍未從社會制度的改革和轉變這一角度去認識商鞅變法。

直到本世紀二十年代，在中國以及一些外國學者對中國社會史問題進行大規模的討論中，才把商鞅變法和中國古代社會性質、中國古代史分期問題等聯繫起來。從那以來，多數論者把商鞅變法看作是封建制代替奴隸制的革命，並因而把這一重要歷史事件定爲中國歷史的重要分期標界，也就是說，商鞅變法，是中國奴隸社會結束、封建社會開始的時間標誌。

關於這個問題目前並沒有定論，有關的討論還在繼續著。也有人並不同意這種分期理論，有的則不同意把商鞅變法定爲中國奴隸社會和封建社會的分界。

對於這個問題，十分關鍵的是變法前和變法後秦國社會究竟有何本質上的區別，是不是變法前秦國就是奴隸社會，而變法後秦國就轉化成爲封建社會了。

學術研究和討論貴在探索，貴在創新，一個問題的解決，可以在一個方向上長年堅持，鍥而不捨，也可以多找一些視角和突破點，進行各種各樣的試探。這就像鑽井一樣，固然可以在一個點上不停地鑽下去，或許終於會有結果，但也不妨換幾個地方試試，或許也能達到目的。

商鞅當年的所作所爲，並不是具有階級意識的革命，也不是自覺地要推動歷史的進步，他在秦國的變法，或者以我們今天用的詞語——改革，主觀的終極目的，充其量就是爲了使秦國富強。所謂「革命」，所謂社會的新陳代謝，無不是今人對歷史的詮釋。

你說商鞅在秦國廢止了奴隸制度，有何證據？何以見得變法前秦國就盛行奴隸制度，更有多少證據可以說變法前秦國是一個奴隸社會？我們能在《商君書》上找到證據的倒是：商鞅變法中有嚴厲的法令，規定把民衆成家成戶地變作奴隸。所以也可以說，商鞅不僅保存了奴隸制，而且還在政權的力量下強化了奴隸制。

當然，也不必因此就得出結論——商鞅對於社會變革和進步毫無貢獻可言。的確，商鞅的政策推動了土地私有制的發展，又通過一系列措施催生了一個強大的軍功地主階級，這無疑對於社會的變革起了很大的作用。商鞅在秦國確立的中央集權制度，也使中國的政治制度發生了質的變化，對後世影響極大。可以說，商鞅變法對歷史最大的作用，就是在中國形成了官僚政治體制，這一體制對於經濟基礎有著極強的反作用，它甚至決定著中國社會的基本結構和基本特徵。機械地、簡單化地把中國的社會制度和西方的發展模式去套、去比較，是行不通的。所謂中國歷史上的「封建社會」，如果因爲它沿用已久，而仍然要使用下去的話，只能理解爲中國是以官僚政治體制爲基本構架的社會，在這個社會裡，政治經常性地強制地支配著經濟、文化和一切社會關係，直接地看，政治或者政權起著決定一切的作用。

第一批法令

「墾草令」

變法的第一道政令是「墾草令」。從字面上解釋，「墾草令」就是關於開墾荒地的命令。其實，命令所包括的內容要廣泛得多。

當初商鞅向孝公所上的「墾草令」是什麼模樣，因爲它沒有流傳下來，已無法確知，但今傳《商君書》中的第二篇《墾令》很可能就是商鞅向孝公進獻的「墾草令」的草案，它使我們能大致推測當年「墾草令」的內容。

《墾令》的主要內容是：

一、實行統一的租稅制，國家根據佔有土地者從土地上收獲的糧穀數量來徵收地稅，這樣，國家的徵收有制度保證，徵收辦法是統一的，有土地者的負擔也是公平的。

二、統一各地的行政制度，不允許官吏任意妄爲，也不允許他們拖延政務，在行政理事中發生錯誤，更不允許他們隱瞞不報。

三、對商人嚴加限制，不准他們從事糧食買賣，又通過加重關市之賦的徵收，使商人的經營變得十分困難，以此來嚴格限制非農業人口的數量。

四、提出愚民政策，不讓農民受教育和掌握文化知識，使他只知種地，安心務農，不起遷移之心。

《墾令》共分二十節，每一節列一條法令，有很強的針對性，其內容也涉及很廣，雖然並不是商鞅變法的全部內容，但從中已可以看到商鞅變法的基本取向和基本精神。

「令民爲什伍」

商鞅變法推出的第一批政令中，即有「令民爲什伍，而相牧司連坐，不告奸者腰斬，告奸者與斬敵者同賞，匿奸者與降敵者同罰。」

這一條政令是非常嚴酷的。

什、伍，原來是軍隊的基層編制，五人爲伍，二伍即十人爲什，後來推及於民間。也有說是五家爲伍，十家爲什的。這就是說，把人們嚴密地組織起來，使之互相監視，如果十家中有一家犯罪，其他九家必須向官府舉報，如果知情不報，那就要受到「連坐」的嚴處。對是否「告奸」，分別賞罰，告的和斬敵的同樣待遇，即可以得爵位一級，而不告者與投降敵人的一樣懲罰，不但當事人要丟命，而且全家要被株連。

早在秦獻公十年（公元前三七五年），秦國就開始實行「爲戶籍相伍」的制度，商鞅進一步發展了這一制度，並將它與嚴厲的刑罰相結合。這樣做的目的，很明顯，是爲了嚴密控制人民，最有效地打擊一切與政府相對抗的行爲。

關於這項制度實行的情況，在史籍上是缺乏明確記載的。但是，若干年前的一項重大考古發現，卻使我們對此有所了解。

一九七五年十二月，湖北省雲夢縣的睡虎地這個地方，一下子變得舉世聞名。

原來，在這裡發掘了十二座兩千多年前戰國末年至秦代的古墓，其中的十二號墓出土了大量寫有文字的竹簡，內容十分豐富，其中包括多種秦代法律文獻。

從這些文獻可知，秦的法律規定，伍，設伍老，是居民基層組織的負責人，人民都編入什伍組織，稱爲「伍人」。至於什伍之上，則有「里」這一級組織形式，里設有里典，恐怕就是後世的保甲長一類的人物。

雲夢秦簡所見的秦律，就是以商鞅變法時確定的法律條文爲基礎的。見到雲夢秦簡的內容，也就使我們大致瞭解了商鞅什伍連坐制的厲害。

獎勵耕戰

商鞅變法的直接目的，就是使秦國國富兵強。這個目標如何實現？商鞅的回答是：農戰興國。

秦國要強大，一要靠發展經濟，二要靠壯大軍隊，後者以前者爲基礎，只有經濟發展了，才會爲戰爭提供物質保證，軍隊才會有持續的強大戰鬥力。

發展經濟，在古代的條件下，在商鞅的目標中，就是大力發展農業，特別是多多生產糧食，所以商鞅要鼓勵農民的生產積極性，對生產糧食多的農民給予獎勵。在他的新法中，就明確規定：「力本業，耕織致粟帛多者復其身，事末利及怠而貧者，舉以爲收孥。」這就是說，對於那些努力從事耕織，生產糧食與織物多的農民，給予免除徭役的獎勵，而那些不好好耕織，去從事工商末業，以至於落得貧窮的，那就要給予嚴懲：把他的全家都罰作奴隸。

軍隊的基礎是士兵，戰爭的勝利，要靠戰士們去拚殺，只有士兵驍勇善戰，才能使秦軍在爭霸戰爭中立於不敗之地。要使士兵勇敢善戰，最重要的是，要使士兵有強勁的利益驅動，而且身負巨大壓力，只能進，不能退，只能勝，不能敗。商鞅把賞罰的原則明明白白地告訴了廣大士兵，讓他們懂得，只有拚死作戰，奮勇殺敵，別無其他選擇。

商鞅設立了比較完備的軍功爵制，作爲基本的軍功獎勵制度。軍功爵有二十等爵位，它們由低至高，依次是：一級爲公士，二級爲上造，三級爲簪裊，四級爲不更，五級爲大夫，六級爲官大夫，七級爲公大夫，八級爲公乘，九級爲五大夫，第十級爲左庶長，十一級爲右庶長，十二級爲左更，十三級爲中更，十四級爲右更，十五級爲少上造，十六級爲大上造，十七級爲駟左庶長，十八級爲大庶長，十九級為關內侯，最高者第二十級為徹侯，意思是其爵位已經上通於天子，幾乎到頂了。

商鞅在秦國獎勵耕織，這也是他變法的重要內容之一。

商鞅為秦國人指出的唯一道路，就是耕或者戰，入農出戰——或盡力務農，「作壹而得官爵」；或奮勇作戰，「富之門必出於兵。」

農業的重要

中國自古就是一個農業國，農業是國家的生存之本。人要吃飯，軍隊也要吃飯。人不吃飯無法活，軍隊沒有軍糧，根本談不上戰鬥力，這都是極為淺顯的道理。

正因為這樣，中國人自古以來談得最多、操心最多的是農業，是糧食。當然，除了糧食，還有布帛，因為人不僅要吃飯，而且要穿衣。軍隊要軍糧，也要軍衣。

在商鞅的意圖中，秦國首先是一個大農場，而他本人，儼然是這個大農場的大管家。在他眼裡，秦國的每一個農民，都是一個提供穀物、布帛的來源，軍隊的取給要靠他們，國家的富強靠的也是他們。農民和土地，是一種非常奇妙的結合，一旦實現這種結合，就可以取得豐富的物質，用以支持富國強兵的事業。秦國不愁沒有土地，單就它的本土——關中平原，今天猶稱之爲八百里秦川——而言，就有「陸粱」、「天府」之稱，膏腴之地，富饒無比，加上農民的辛勤勞動，秦國的沃土，必能變成糧倉。

發展農業，勞力和土地是越多越好。秦國土地廣大，惟缺乏的是勞動力。於是商鞅又動起腦筋，想出了辦法。他來自三晉——魏就是三晉之一，非常了解三晉「地狹人貧」的情況，那裡是人多地少，而秦國又正好是地多人少，來個調整互補不是正好嗎？這在那時並不難辦到，於是他就設法招誘三晉的人民，讓他們到秦國來，給他們最實惠的東西正是他們在三晉所最缺乏的土地，讓他們根據需要與能力，盡量佔有，還給他們房舍居住。不僅這樣，還作出保證，免除他們三代的傜役，不讓他們當兵打仗，專心務農。這樣一來，秦國就不費任何實質性代價而得到了大批勞動力，這些外來移民成爲秦國發展農業生產的一支重要力量，由於他們補充了農業勞動者的大軍，就可以使更多的秦國青壯年男子入伍，進一步壯大了秦國的軍事實力。

輕末限商

以農爲本，就把工商看成「末業」，在重農的同時，又要限商。

要農要強國，就要盡一切可能發展農業，發展農業，必須讓農民安心務農。要農民安心務農，除了必要的獎勵外，還必須使農民除了一心一業，別無選擇。如果離開農業生產也有生路，甚至能生活得更好，那就不啻爲對農民的一種巨大誘惑，那會使農民不安心於農業生產。因此，商鞅認爲，必須盡量設法限制商業和商人的活動，使商人難以贏利，日子不好過，到實在不好捱時，他們只有一條出路，那就是走入農田。

爲了讓商人經營和贏利增加困難，他下令不准各地私人開設旅店（那時稱爲「逆旅」，逆是迎的意思），還加重對商品過關稅的徵收。

商鞅還搞了一條：貴酒肉之價，重其租。這一方面是限制商人在飲食行業的經營和贏利，另一個目的，也是爲了抑制人們的消費需求，既不讓農民飲酒開懷，也不讓大臣沉湎而荒廢政事，社會上的奢靡之風，也就可以刹住了。

吃吃喝喝，是困擾了中國幾千年的問題，時時聽到不滿於此的批評，也從未看到這個歷史悠久的病症的根絕。或許，商鞅的辦法能給後世一些啓發。

總之，商鞅要使商人既無法贏利，無法安生，又擔心害怕戰戰兢兢，從而不得不改行從事農業。這種用行政手段干預和調節經濟的方式，商鞅已經高度重視了，以後也就成爲中國的政治傳統。

統一政策

作爲一種政治思想，商鞅提出「審壹」，並且將之作爲施政的重要原則來實行。所謂「審壹」，就是必須明確什麼是應該堅持的基本方針，而「壹」的意思，就是必須統一政策。

商鞅明確提出的三個「壹」是「壹賞」、「壹刑」、「壹敎」。

壹賞，主要是指獎賞立有軍功的人員。在商鞅看來，獎勵的原則應該統一，

「無有異施也」，也就是說，該獎就獎，對誰都一樣，這樣就能使將士「竭其股肱之力，出死而爲上用也」。

壹刑，這是對全體臣民而言，連宗室貴族也不能例外。不管是誰，觸犯了法律，就要受到懲罰。商鞅把「刑不上大夫」轉變爲「刑無等級」，實屬我國法制思想和法律制度的一個革命。商鞅主張「守法守職之吏有不行王法者，罪死不赦，刑及三族」，是加強王權專制的嚴厲措施，這就使那些居於官位的人也在法網的籠罩之下，他們當官，對老百姓來說，是行政、執法者，但並沒有置身於法律之外的豁免權。

商鞅所謂的「壹教」，是對全國進行經常性的戰爭教育，全國的臣民，充滿戰鬥精神，隨時準備殺敵搏鬥。你看商鞅的描繪：「民之欲富貴也，共闔棺而後止，而富貴之門必出於兵，是故民聞戰而相賀也，起居飲食所歌謠者，戰也。」在商鞅看來，百姓思戰的目的，並非愛國主義（商鞅沒有直接提到過），而是爲了富貴，這一衝動和激情，不躺進棺材是不會停止的。他所說的壹教，就是建立全國統一的價值標準和行爲模式，全國都長久沉浸在戰爭的氣氛和激動之中。

商鞅所鼓吹的「壹」就是全國統一政策，統一行動，當然，這對秦國的強盛是起了重要作用的，但其負面效應也很明顯，秦國後來積累的問題，也多從這裡出發而不斷深化。應當明白，商鞅是一位戰時宰相，這時需要的是鐵血宰相，他正是一位鐵血宰相。

新的制度

土地制度

爲配合大力發展農業的基本國策，商鞅還對秦國的土地制度進行了改革。

在變法之前，秦國是否實行「井田制」，這個問題，至今還是沒有定案的歷史之謎。什麼是井田制?據說，這是很古的時候曾經有過的一種土地制度，但由於年代過於久遠，後世的人們一直沒有完全搞清楚過。現在人們關於井田制的印象，主要來自於孟子的話，《孟子·滕文公上》有一段話講到這，大意是這樣的：一里見方之地，稱之爲「井」，每井含九百畝，八家賴以生活，每家各佔百畝，而九百畝中剩下的一百畝，則由八家共耕。八家首先要共同努力，把這百畝公田整理好。

看來，孟子在這裡所描繪的井田制的藍圖，也太富於紙上的或理想的色彩，到底古代即或是眞有井田制，是否就是這般模樣，也是很成問題的。

想來，即使秦國確實存在過井田制，那也就是在古老的村社中家族共耕和小家庭擁有小塊土地的狀況，土地的私有尙不發達，農民生產的積極性不高，對於開墾土地缺乏熱情，農業維持在很低的水準上。秦國要發展，農業要上去，靠這種規模十分狹小的經營方式是不行的，必須打破原來的框框，鼓勵農民多墾地，允許農民多佔地，農民只要種得了，就儘管佔好了，多多益善。因此，商鞅便頒布政令，「壞井田，開阡陌」。壞井田，就是打破原來私有化尙不徹底的土地制度。阡陌，是指田間的小路，也指田界。開阡陌，就是打通原來限制土地開墾和擴大耕作規模的田界。

這一改，原來村社共有的土地全都成爲小家庭的私有土地，原來村社的成員也出現了較大的分化，有的佔有較少的土地，成爲自耕農民，也有的佔有很多土地，自己無力耕種，或者自己根本就不再直接從事農業勞動，這部分人就成了地主。因此，商鞅對秦國土地制度的改革，是在秦國培植起一個人數較多的地主階級。

土地私有，分化還會不斷繼續下去，勢必會有人因經濟困難而不得不出售自己的土地，同時也有人財力有餘而要求增加土地，這就出現了土地買賣。商鞅適應這種要求，允許土地買賣的進行。這也是他對土地制度改革的重要內容之一。

商鞅還進一步把改革的措施落實到每一個家庭中去。這不僅是政治上的舉措，而且還是移風易俗的大事。

賦稅制度

賦稅，是國家的經濟支柱。中國古代，用「賦稅」這一詞語表達的概念各不相同，有時「賦稅」連用，也可指賦，也可指稅，在分開時，賦一般是指田稅，但漢代是以賦指人頭稅，所以，情況就變得複雜了。賦，又用以指人頭稅，而稅，又是指田地稅了。總之，當賦稅連用時，含義常常是含混不清的，而賦指什麼，稅又指什麼，要結合具體情況來分辨，不應輕下定論。

據記載，秦孝公十四年（公元前三四八年），秦國「初為賦」，這是商鞅變法中的一項重要內容。這裡所謂「賦」，應該是指什麼呢？應該指田地稅，而不是指人頭稅。這是因爲，商鞅有「訾粟而稅」的思想和政策，訾粟而稅，就是按照生產和收獲的糧食徵稅，這只能是田地稅。當然，有人根據商鞅作出的「民有二男以上不分異者，倍其賦」的規定，而判定商鞅所徵之賦是人頭稅，理由是計徵之法算了人頭，百姓每家有兩個以上的成年男子，都要分家，如果不分，那就要加倍徵收賦稅。但如果就徵收人頭稅而言，民是否分家，關係似乎並不大；再說，「倍其賦」，不指人頭稅，而指田地稅，也並非說不通。強迫「民分異」目的就在於迫使民戶家庭分小，一般是一夫一妻，再加上幾個子女，大致上就是一般所說的五口之家，在當時的條件下，這樣的家庭生產積極性和效率較高，也最便於政府管理和榨取。

縣制的確立

在國家的行政體制上，商鞅也進行了重大的改革。

原先，已經出現了一些較大的居住點，依其規模，分別稱作鄉、邑、聚。在此基礎上，商鞅把秦國劃分爲三十一個（一說爲四十一個）縣，一個縣包括若干個鄉、邑、聚。縣設令、丞，令是縣的長官，丞是令的副手，他們都是由中央政府任命的，當然，中央政府也有權將其免職、調動等。

縣，還有郡，都是在春秋時期就出現了，在春秋初期，縣和郡都是設置在邊境地區的，比較而言，郡更是設置在荒僻廣闊而人口極少的廣大偏遠地區，因而，縣的地位曾在郡之上。從春秋末到戰國初年，縣的行政意義沒有充分表現出來，商鞅把縣的劃分規範化了，加強中央對縣的控制和領導，具有極深遠的意義。

第二次變法高潮在秦孝公十二年（公元前三五〇年），在商鞅的推動下，秦國把首都從櫟陽遷到咸陽（在今陝西咸陽市窰店東）。

戰國時期，秦的都城原在雍（今陝西鳳翔南）。孝公的父親獻公時，將首都遷到櫟陽（在今陝西臨潼北渭水北岸）。將都城從西邊的雍遷到東邊的櫟陽，又從櫟陽西返至咸陽—櫟陽連線上的咸陽，其理由主要是咸陽具有更為有利的地理條件和戰略意義。咸陽北依高原，南臨渭河，浮渭而下，可直達黃河，而它又在通往函谷關的大道上，交通十分方便，是東進中原的總指揮部和大本營的理想所在地。明清之際的著名學者顧祖禹撰《讀史方輿紀要》，是一部研究歷史地理的重要著作，書中稱嘆咸陽是「據天下之上游，制天下之命者也」。

商鞅又監修了咸陽宮，它就成為秦國的政治中心。

統一度量衡

在秦國境內，商鞅還進行了一些有意義的統一工作。

孝公十八年（公元前三四四年），秦國政府下令統一度量衡。統一的辦法主要是兩個方面：一是統一全國度量衡的量度單位和進位制度，二是製造統一的標準度量衡器，頒發至全國各地，作為法定的國家標準。

度，是指長度單位；量，是指容積單位；衡，是指重量單位。秦國法定的長度單位是丈、尺，容量單位是升、斗，衡制單位是權、衡。除此之外，還有地積單位——畝，據說六尺為步，二百四十步為一畝。有一件「商鞅方升」，一直流傳至今，是那時作為法定的標準衡器而用的。

秦國政府還十分重視度量衡標準化的管理和監督工作，並且要求經常用標準器檢驗和校正使用中的度量衡器，在雲夢秦簡中，就可以看到這樣的律令：各縣及管理手工業的機構──工室的權、斗桶和升這些標準器，至少每年須校正一次。

後來，秦始皇統一中國後，也進行了全國範圍內統一度量衡的工作，這無疑是以商鞅爲先例的。從中我們也可以看出國家職能的多樣性。社會生產和生活需要許多方面的統一或者規範化，最起碼的如度量衡，如語言文字等等，這類統一工作，一般都需要經由國家組織進行，甚至需要發布法令，用強制手段來推行。今天我們到市場上去買菜，還擔心被不法商販缺斤少兩所矇騙，誰來監督管理？仍得靠國家有關部門。

各社會力量的浮沉

「貴族」概念的更新

奴隸社會和封建社會都是實行等級制度的，人分貴賤，甚至還有許多等等。一般的自由民是平民，而有特殊身份、地位，可以享有許多特權的階層是貴族。

你大概聽說過公爵、侯爵、伯爵、子爵、男爵這些貴族等級的名號吧，在中國古代，就曾經使用過這樣的五等爵位制度。當然，公爵之上還有更高的王，還有至高無上的帝。

在西周到春秋前期，等級制度的貴族制度是很嚴格的，一級壓一級，必須按照禮制的規定行事。例如，祭祀時的用鼎數量，天子可以用九只，諸侯七只，大夫五只，該用多少用多少，如果多用了，就被稱為僭越，要受到懲處。再如貴族所用的舞陣，也必須按等級制的規定設限，天子可用八佾六十四人。一佾八人，依次爲諸侯用六佾，而大夫只能用四佾。這也是不能破壞的。

貴族享有許多特權，如：可以不納賦稅，不服傜役，可以世襲官職和封土，可以在法律上特殊。「禮不下庶人，刑不上大夫」，這就是說，大夫這樣的中級貴族，如果犯了法，也是可以享受優待的。

貴族，是特殊的一族，而不完全等同於社會上的富裕階層。富未必貴，貴，當然也不一定總是富的，但他們享有特權的結果，往往是使他們旣貴且富。

商鞅變法之前的秦國，貴族勢力雖然沒有東方六國那麼強大，但旣然是貴族，卻也是很有一些特權的。他們有名冊在宮廷中，一代又一代登記在冊，從小到大，就可以享受特權了。他們享有很多優待，在社會上有著特殊的地位。《韓非子·奸劫弑臣》中說秦在商鞅變法前的「故俗」即習氣是「無功可以得尊顯」，也就是指這種情況。

商鞅變法，把這些都打破了，把貴族的鐵名冊、鐵座位、鐵飯碗都給打破了。他的新法規定：「宗室非有軍功論，不得爲屬籍。明尊卑爵秩等級，各以差次名田宅、臣妾，衣服以家次，有功者顯榮，無功者雖富無所芬華。」這就是說，秦國國君的宗室，這最高級的貴族，如果本人沒有軍功，就要從宗室的名冊上開缺。商鞅不是要打破等級制度，而是要強化等級制度，所不同的是，這不再是以往以血統世襲關係維繫的等級制度，而是以對國家的貢獻來重新確定人們等級的制度。

貴族還是特殊的，否則就不成其為貴族。依照新法，貴族可以按等級佔有不同數量的土地、奴婢，甚至連所穿的衣服都要把等級區別顯示出來。但是，新法與舊法一個最大的不同，就是「貴族」這個概念更新了。以往的貴族，如果沒有對國家的貢獻，就不再能理所當然地享有尊榮，而原來不是貴族的普通人，也可以因立有大功而上升到貴族行列中去，甚至超過那些昔日顯赫的世貴。昔日是因家世而貴，如今是論功而定尊卑，對國家有功的人才會享受特權，顯赫榮耀。否則，即使有些錢財，也沒有值得驕傲的社會地位。

農民有了積極性

當然，商鞅的酷法猛政，對秦國農民來說，確是高懸於頭頂的利劍，令人膽寒生畏。但從另一方面看，商鞅的「使民以力得富」，耕戰可以得富貴的政策，也給秦國農民帶來希望，經過農民的努力，這種希望可能變爲現實的利益。

大部分農民是自耕農，他們在國家、官府的控制之下，國家要他們做的事情，就是從事生產、生孩子、提供糧食、布帛和後備兵員。

負擔是沉重的，但只要多產粟帛，就可以受到表彰和獎勵，可以免除徭役。這就意味著可以在家孝養父母，和老婆孩子廝守，享天倫之樂。

農民，特別是青壯年農民，可以從軍，雖然是冒矢石之險，但只要奮勇殺敵，國家不會虧待。一個敵人的腦袋換一級爵位，爵位可以一級一級升上去。從一個普通士兵當到將軍，也不再是絕不可能的神話。

商鞅說過，農民是最苦的，當然，這並不是說他心懷對農民的深切同情，而是表明，他懂得，要讓人安心務農，一定要有辦法、有政策叫農民安心，否則，他們就會起遷移之心，務農的人就會流失，從事農業的人少了，農業肯定上不去，農業上不去，國家的富強從何談起？

說句公道話，像商鞅這樣，不是靠完全的強制，而是以強制和政策激勵相結合，甚至更側重於政策激勵的辦法來對待農民，對農民的好處是顯而易見的。無庸諱言，秦國的農民也是有痛苦的，但他們同時也有希望。也許，正因爲這樣，所以秦國的多數人還是對商鞅變法持擁護態度，故有「秦民大說（同悅）」的反應。這多數人中的絕大多數，毫無疑問，就是佔人口絕大多數的農民。

軍功地主階層的出現

變法的結果，在秦國形成了一個軍功地主階層。

要問這些人的來源，來源複雜，但他們多數還是從自耕農民或者小地主上升而來，其途徑就是殺敵立功，積功晉爵，得到較多的土地，而且可望進入仕途。他們在秦國社會中，是令人尊敬的一族，在貴族已經不再風光的情況下，他們成爲秦國令人敬羨的英雄。

從經濟上來看，這些人佔有土地，成爲受到國家承認、保護的地主，他們向國家承擔賦稅、徭役，成爲國家財政上的支柱之一。

從政治上來看，這些人成爲縣和縣以下政府機構的主要組成人員。某些人還進入中央政府，進入到上層統治集團。秦國政權的基本力量已經是這樣一批人數較多，在社會各階級中特別活躍的人。

從軍殺敵，立功受賞，都可以轉化爲一種比較穩定的財富——土地，這是農業社會中最有價值的財富，它不僅可以現世享用，還可以傳及子孫。在這樣的利益驅使下，秦國上下獲得了持久的動力。

受壓抑的人

在變法的過程中，也有一部分人受到嚴重的壓抑，他們之中主要是商人和知識份子。

商人沒有社會地位，正當的營業也受到諸多限制。按照商鞅的意圖，簡直是要讓商人在秦國不再存在，雖然這在事實上是不可能的。即使商人還可以在縫隙中頑強地生存著，但他們在秦國處在類似賤民的地位。

還有就是知識份子。秦國當時有多少知識份子，這是難以準確估計的，但可以說是很少很少的。他們雖然人數極少，但就其能量而言，顯然不是和他們的人數成正比的。

商鞅把知識份子看成無所事事，只會搬弄口舌，舞文弄墨，不僅僅是社會上「多餘的人」，而且還是有害的蠹蟲——他把知識份子比做「虱子」。按照商鞅的意圖，對一個國家來說，知識份子是越少越好，要有的話，也不能讓他們有什麼可以自豪的社會地位，絕不能具有獨立的思想，更不能傳播這些思想，否則，那將是很麻煩的事情。要想求官嗎？路也給堵住了。

一般來說，在執掌軍國大政的宰相周圍，總要有一些高級謀士，但在商鞅身邊，這樣的人物似乎一個也沒有。可見，商鞅是只當「紅花」，不要「綠葉」的，他手下所用之人，也就是一些一般行政事務人員，沒有高級智能人士充當高參軍師。這使秦國的智能型人才得不到培養和鍛鍊，所以，在爾後的百餘年間，秦國的高級謀略型人才，還是要靠從關東輸入。那些跟在商鞅後面一個一個「走西口」的客卿，能在秦國找到大顯身手的機會，著實要感謝商鞅的恩賜呢！

移風易俗

令家庭小型化

原來秦國普遍存在著大家庭，兄弟多人也不分家。表現在習俗上，則是父子兄弟同居於一室之中，亂攘攘的，熱鬧是熱鬧，但確也不成體統，東方六國的人也喜歡以此取笑秦國人。當然，對於商鞅來說，更引起他思考的是，這種大家庭，人多事繁，關係複雜，多得是熱鬧，缺的是生產積極性。對於政府來說，也不便於掌握其人口和經濟狀況。相比之下，還是規模較小的家庭容易控制，也便於榨取。

商鞅對此進行了改革。後來，他在和趙良的談話中說：「始秦戎、翟之敎，父子無別，同室而居。今我更制其敎，而爲其男女之別。」商鞅變法的內容很多，但商鞅卻把這項內容掛在口上，不無得意地自我誇耀，可見，在商鞅的心目中，此一改革意義非同一般。

商鞅所說的「戎、翟之教」和「更制其教」這兩個「教」字，顯然是同一個意思，指的是教化、習俗，推廣一點，即類似於我們所稱的「文化」了。戎、翟（或作「狄」）都是我國古代北方、西北方的遊牧民族，他們的生活習俗和文化，與中原地區的農耕居民存在著很大的差異。值得注意的是，商鞅是以一個客卿的身份，和一個秦國人說這番話的，他不能一點也不考慮面前這位秦人的特有感情，所言不會離事實相去太遠。看來，秦人在商鞅變法前，在生活習俗上，在文化上，與戎、翟的相同性甚大。從社會結構上來看，遊牧民族原始的氏族制度尚未分化，個體家庭尚未建立，因此，商鞅才會有這一段言論。當然，他也未免說過頭了一點，秦國畢竟與戎、翟不同，氏族早已解體，只是家庭的分化還嫌不夠，商鞅對此的改革，就是促使家庭進一步細分，父子別居，各有各的家，兄弟分異，各立各的灶。這樣建立起來的，也就是一般所說的「五口之家」，是適合政治上實行集權統治需要的小型化標準家庭。

不准私鬥

商鞅在新法嚴厲規定，禁止私鬥，可見私鬥之風，在變法前的秦國曾經十分盛行。

上面已經提到，秦國長期保留著比較落後的社會結構，古老氏族制度的遺存起著很大的作用。所謂「私鬥」，主要是大家族之間的群鬥，這是很野蠻、很殘酷的。爭鬥雙方，不講理智，只講鬥狠，刀來劍往，直殺得眼睛發紅，瘋狂無忌。廝殺的雙方，往往是兩敗俱傷，或者有個勝負，勝者更驕，敗者尋機復仇。這樣世世代代鬥下去，積仇累恨，後患無窮。在見血殺人的私鬥中，許多生命被無情地吞噬，這就意味著國家人力資源的無謂浪費。

商鞅變法，把目標瞄準了富國強兵，這就需要人，需要勞動力和戰鬥力，不允許寶貴的人在私鬥中白白消耗掉。同時，私鬥必有組織者，這些在大家族中享有威望的人物，正是加強中央集權過程中的絆腳石，不除去他們，談何變法？談何強國？

雖然商鞅變法在秦國是比較徹底的，雖然中國歷史上早就建立起了強有力的中央集權的政治制度，但是社會的發展是極不平衡的，歷史的進程又是充滿曲折的。甚至到了近代，私鬥之事在中國的某些地區還時有發生，這種落後、野蠻的習俗，受到封建宗法勢力的支持，具有頑強的生命力。由此我們也可以看出，社會改造之艱難，社會進步之不易。

尚武輕文

商鞅禁止私鬥，但同時又鼓勵爲國家立殺敵之功，因此，武道並未堵塞。相反地，在經常性的戰爭教育和戰爭動員的空氣中，尚武輕文，成爲時風。

秦國是在戎、翟的包圍中堅持生存和發展壯大起來的，嚴酷的環境，鍛鍊了秦人的性格和特質，也使他們有好武的習尚。一般說來，秦人的體質較強，體魄健壯，更增強了他們練武和備戰的信心。直至漢代，猶有「關東出相，關西出將」之成語，可見，秦國境內的人民好武尚力，是久成風氣的。

對於文化，特別是儒家文化，商鞅採取鄙夷的態度，把禮樂、《詩》、

《書》之類，稱爲「六虱」。他又說：「國用《詩》、《書》、禮、樂、孝、弟（悌）、善、修治者，敵至，必削國；不至，必貧國。」他斷言：「雖有《詩》、《書》，鄉一束，家一員（意爲卷），猶無益於治也。」這一類言論，商鞅發了不少，總而言之，在他看來，儒家的思想和文化，是削弱國力，導致衰亡的禍種。他要做的「要務」之一，就是堵住人們走向儒家文化的道路，而讓人們走在他心目中唯一的正道：耕戰之路。

實事求是

商鞅似乎意識到，要實現富國強兵的目標，只有一條，就是實事求是，只有腳踏實地，才能建設一個強盛的秦國來。「言不可以強兵闢土也」，空談是沒有用的。因此，在他的政策中，也就有意提倡與鼓勵實事求是的精神。反對並盡力克服虛浮作風。

商鞅鄙視虛浮，強調實事求是精神的言論很多。一般而言，商鞅的語言是很精練的，但講到對空言的反感與厭惡，他顯得不厭其煩，不嫌重複。你看他說的：「今世主皆憂其國之危而兵之弱也，而強聽說者，說者成伍，煩言飾辭，而無實用。主好其辯，不求其實。說者得意，道路曲辯，輩輩成群。」這段話恐怕是商鞅言論中最富形象性的。在他看來，那種「說者成伍」以至於「輩輩成群」，而國君又熱衷於他們的「煩言飾詞」的話，國家是不可能搞好的。

他反對「國好言」，反對「巧言虛道」，尖銳地批評「以言事君，廢法度好私議」的狀況，反對「言談遊士事君可以尊身」。他還說「言多，兵弱」、「言息，兵強」，可見，他對「多言」實即他所說的「高言僞義」是深惡痛絕的。

秦文化原本就有樸實的特點，其基本精神是尙實，商鞅進行的政治、經濟和社會生活的一系列重大變革，使秦文化原有的色彩更爲濃重，並且導向於功利主義的人生與國家追求。秦人的社會組織性大大加強，他們變得更爲勤勞、勇敢，爲了實現功利目的不顧一切。他們成爲中國土地上最富於進取性的一族，終於成爲席捲宇內的黑色（秦朝尙黑，故如此說）旋風。

「秦俗」的評價

歷代有不少人評說過「秦俗」，這主要指的是商鞅變法後秦國社會風氣、道德水準發生的變化。

較早談這個問題的是西漢初年的賈誼，他在《新書·時變》中說：

商君違禮義，棄倫理，並心於進取，行之二歲，秦俗日敗。

他進一步舉例說：秦人有兒子，家庭富裕的，兒子大了就要分家；家庭窮的，兒子給人家去做上門女婿。兒子離家後，高興時，借給父親一點農具用品，就好像很得意似的；不高興時，母親拿了瓢碗掃把這些不值錢的東西用，也會罵出難聽的話來。兒子抱著自己的兒子，對著老子傲氣十足，媳婦和婆婆有點不對勁，就會爭吵起來。

賈誼對這些現象是痛心疾首的，在他看來，這都是「非有倫理也」，商鞅之政帶來這樣的後果，是「功成而敗義」。

賈誼是一位儒家思想家，他是從儒家的倫理觀念和禮治思想出發，去觀察和思考當時的社會現象的。但賈誼確實是一位卓越的思想家，他已經看出了社會發展中的矛盾現象，秦國國是富了，兵是強了，統一任務也完成了，可是道德水準卻下降了。

今天我們在集中精力提昇社會經濟力的同時，似乎也碰到了類似的問題。不發展經濟不行，那只能貧窮；發展經濟，就要生產商品，開發市場，而在商品經濟、市場經濟發展的過程中，就會出現有人見利忘義、不擇手段、廉恥喪盡的情況，拜金主義思潮在湧動，假冒僞劣產品屢禁不止，政府工作人員中的腐敗行爲也呈蔓延之勢。

怎麼辦？倒退是沒有路的。經濟發展並不必然導致道德滑坡。從長遠來看，在物質生活和精神生活水平充分提高的條件下，才會使全社會的道德水準空前提高。當然，我們也不能等到經濟發達了再來重視思想建設和道德建設。物質文明和精神文明齊頭並進，兩者不偏廢，還要特別注重法制建設，堅定不移地依法治國的道路走，這才是我們的康莊大道。

堅持改革不動搖

衝破阻力

商鞅在推行新法的過程中，是遇到一定的阻力的，阻力主要來自於秦國統治階級中的反對派，但是廣大民衆對新法也有不理解和牴觸情緒。

變法還在醞釀階段，就遭到甘龍、杜摯這些貴族的激烈反對。新的法令公佈，又引起貴族勢力的強烈不滿，其中的爲首份子不是別人，而正是太子駟的老師公子虔和公孫賈二人，他們根本不把商鞅和新法放在眼裡，滿不在乎，甚至故意觸法，發洩其不滿和仇恨。

商鞅的新法之所以會遭到舊貴族的強烈反對，主要是因爲新法嚴重觸犯了他們的利益。

新法的基本原則是獎勵軍功和耕織，軍人殺敵立功，農民多產粟帛，都可以得到獎勵，甚至帶來社會地位的根本改變。但對於舊貴族，不但沒有任何利益可得，而且他們昔日的優渥還受到很大的削弱。總的一句話，凡是有功於國家的人，就有社會地位，就佔盡風光，而無功的人，雖有財產，也不被看重。

有些人反對變法，則主要是由於利益關係。

商鞅並不諱言他的改革將會造成的一個後果，那就是使「貧者富之，富者貧之」，這種經濟地位的顛倒，財產關係的變動，或者就是「革命」——至少有些人是把財產的剝奪和被剝奪看成是革命的。

錦衣玉食，佩金戴銀，廣有田宅，坐則呼奴喚婢，出則連駟結騎，貴族的生活就是這樣。當然，他們還享有種種特權，高高在上，威勢赫然。不僅當世顯貴，而且蔭及子孫，世代受益。現在，要限制甚至取消舊貴族的特權，原來風光的舊貴族就不再風光，他們昔日的尊榮威風，大爲煞滅，這怎麼能不讓他們痛心疾首，恨之入骨?由此看來，他們反對改革也是毫不奇怪的。

周代實行分封制，大小諸侯，公侯伯子男，等級森嚴，而各級貴族又世代相襲，實行世卿世祿的制度。比較而言，秦的舊貴族勢力還算是比較弱的，但舊貴族不會對於觸及他們利益，危及他們地位的變革不進行反抗。

在實行變法的過程中，商鞅充滿了自信，並且把變法堅持下去，這是需要一種精神的，在這一點上，商鞅也是一個傑出的人物。

當然，對改革持不同態度的還有各種各樣的人，出於各種各樣的原因。其中有不少人是由於受到各種限制，難以明瞭改革的意義。

什麼是改革？改革就是調整原有的社會關係，淸除制度上的弊端，去除社會發展中的阻礙。無論何種改革，都有兩個最基本的特點：其一是新，要破舊立新，要有不同於舊制度、舊辦法的新制度、新辦法；其二是動，要打破原有僵死的平衡，使人們的社會地位有升有降。

於是，在改革中，社會成員就會有不同的態度、不同的表現，有大聲鼓吹和積極推動改革的，有基本上持贊成態度的，有觀望的，也有不同程度地反對的。人們之所以有不同的態度，究其根源，最基本的在於兩個，其一是由於認識有差異，其二是由於各自的利益關係。

撇開各自的利益關係不談，人們對於任何事物、任何變動，在認識上總是存在差異的，特別是對於變法這樣大規模、大幅度的變化，更是如此。有人對此在心理上缺少適應和承受的能力，有人對於變革是否必要、是否有益，持懷疑態度。更有人擔心變革會把事情弄得更糟，以至於帶來災難，造成不可收拾的局面。甚至同爲基本贊成變法的人們，也會在進度的快慢、力度的深淺等等問題上有不同的意見，從而導致有的激進，有的持重，有的急躁，有的穩健，眞可說是形形色色，千差萬別。

自信和堅持

像甘龍、杜摯在孝公面前和公孫鞅討論變法所說的那些話，就這些話本身而言，還都是屬於不同認知的問題。他們兩人是反對變法的，但所持理由，還是變法是否必要，是否有利，這種認知，不管在變法的什麼階段，總是會有人提出。

至於廣大的民衆，存在認知上的差異，更有許許多多的原因。例如，由於宣傳不夠（這在傳媒如此發達的今天猶或難免，更不用說是在訊息極不暢通的古代了），人們難以明瞭變法主持者、設計者的意圖。商鞅把一根木頭立在那裡，誰把它搬走就可以得到重賞，商鞅心中明白，但別人一時難以猜透這葫蘆裡裝的是什麼藥。有的新法出爐了，意圖何在，普通民衆是不一定都能深明其意的。

有些做法，可能在歷史的宏觀看來，是有積極意義的，在當時卻未必能看得出來。人們常說，讓歷史做結論吧！這也就是等於承認：有的事情，一年二年，十年八年，甚至幾十年幾百年都不一定看得很淸楚，都不容易做出最後的定論。通常，一些改革家是站在歷史的前沿或高處的，他們較常人看得遠些，但他們身處局中，也需要在實踐中豐富和深化自己的認識，甚至隨時調整自己的構想、計劃、方案、政策，在這裡，是不可能存在百分之百的先知的。

人們對變法、對改革的態度，也是會發生變化的。可能是因爲變法總的說來給自己帶來了好處，也可能經過一段時間後，人們的認知有了變化，對變法的必要性和益處由不理解或不很理解變得較爲理解了。這樣的例子在歷史上也在所多有的。

春秋時期，有一個諸侯國家叫鄭國，它的大致位置在今河南省的北部，它的首都的位置在今新鄭。鄭國有位政治家，在歷史上是很有名的，他就是子產（亦稱公孫僑、公孫成子）。鄭簡公二十三年（公元前五四三年），他在鄭國執政，開始實行改革，其主要內容有整頓貴族田地和農戶編制，創立新的徵賦制度，並把刑書即法律條文鑄在銅鼎上予以公佈等。

子產從政一年時，國內所聽到的是咒罵之聲，有人還編出了這樣的歌謠：「取我衣冠而褚之，取我田疇而伍之。孰殺子產，吾其與之。」大意爲：迫使我把華美的衣服藏起來，把我的田地也改了制度，誰殺子產，我就跟著他做。可是等到他執政三年時，這樣的咒罵聲再也聽不到了，而又響起了這樣的歌聲：「我有子弟，子產誨之；我有田疇，子產殖之，子產而死，誰其嗣之？」意爲：我的孩子，子產予他教誨；我的田地，子產使它增闢。如果子產死了，誰來繼續像他這樣做啊？從對子產充滿仇視到頌揚他的政績，這眞是一百八十度的大轉變。

類似的變化，在商鞅治理下的秦國也出現了，從幾乎人人反對變法到一些人開始感覺新法也有好處，又到「秦民大悅」，這說明經過一段時間的實踐，至少一部分人體會到了變法的益處，改變了原來對變法的態度。

變法取得成效

商鞅在秦國變法，進行了十多年，使秦國社會發生了深刻的變化，變法本身也取得了顯著的成效。其成效主要表現在秦國的經濟實力和綜合國力大大加強了，秦國在當時七雄並峙的國際環境中的地位大大提高了。

重農，使秦國的農業得到很大的發展。由於古代沒有留下可資參考的數字，所以我們無法確切知道秦國農業生產曾達到的水準，但從史料不難看出，秦國的農業生產足以支持其財政、軍事的需要，成爲它強大的物質基礎。

行政方面的改革，使秦國的中央集權得到加強，中央能有效地控制地方，也能有效地把全國的人力、物力、財力充分調動起來，集中起來，用於內固邦本，外爭霸權的事業。

獎勵耕戰，有效地調動了秦國國民對國家事業的積極性。

在多次對外戰爭中，秦國一再取勝，「兵革大強，諸侯畏懼」，由此，大大提高了秦國的聲威，孝公十八年（公元前三四四年）秦會諸侯於周。次年，周天子封秦國爲伯（霸）。又次年，各諸侯國都到秦國致賀，秦國也派公子少官率軍隊會諸侯於逢澤（在今河南開封北），並朝拜天子。這是秦國開國以來所未曾有過的盛況。秦孝公心中大快，他曾夢想過的在各諸侯國中揚眉吐氣的時刻，終於來到了。

思想家商鞅

商鞅是位思想家

可貴的思想家

人和其他動物的顯著區別之一，就是人有思想，而別的動物沒有。所以，哲學家斯賓諾莎說：「人，即能思想者。」

除了大腦受了嚴重創傷的人以外，人人都會思想，人人都有思想。但是，很顯然，能稱得上是思想家的，卻又是極少數的人。思想家必須具備超常思考的能力，而且以其卓越的思想成果而給人們以深厚的教益。

在我們熟悉的歷史人物中，孔子是思想家，老子是思想家，朱熹是思想家。明末清初的王夫之、顧炎武、黃宗羲，都是我國歷史上著名的啓蒙思想家。

西方的伏爾泰、盧梭、孟德斯鳩、狄德羅，都是思想家。

既然人人都會思想，那麼，爲什麼只有極少數人才成了思想家呢？原因很簡單，他們給人類提供了深刻的、有價值的思想，他們在思想上的貢獻，是超越前人的，他們的思想，相對於某一時代的大多數人來說，又是超前的。他們既繼承了前人的思想成果，又爲人類思想寶庫增添了新的財富。

商鞅曾提到「有獨知之慮者」，思想家，就是「有獨知之慮者」。具有獨到、先進、深刻的思想，就是人們所崇敬的思想家。

思想家與立言

當然，思想家的成就，不能只是貯留在頭腦中的「思想」，必須用語言表達出來，由自己或別人記錄下來，讓當時和後世的人們了解。否則，一個人心裡想的，哪怕是再好的思想，別人也是無法知道的，更談不上估量其價值了。

思維，要借助語言來實現，思想，要透過語言來表達。語言，是運載思想的列車。

因此，沒有不立言的思想家，人只有立言才能成爲思想家。

說到立言，早在兩千多年前，我們的哲人就已指出了它對人生的重要性。公元前五四九年，魯國執政叔孫豹說：「太上有立德，其次有立功，其次有立言，雖久不廢，此之謂不朽。」（見《左傳》襄公二十五年）這裡說的是功利性的人生目的，一個人要想不朽，就要立言。當然，最好是立德，其次是立功，再其次是立言。三者相比，立言似乎還在其次，更重要的是立德、立功。這在中國古代，是人們普遍接受的觀念。但毫無疑問，對於任何一位思想家來說，最重要的，卻是立言，任何一位思想家的歷史地位，主要是透過立言來體現的。

因此，差不多每一位思想家，又都是文學家、語言大師。

要想了解一位思想家的思想，那就去讀他的語錄或者著作吧。從那兒你可以知道他曾經思考過什麼，思考的結果又是什麼。

當然，並不是每一個思想家都在生前就被人們理解，甚至有些思想家，在他們在世的時候或者去世後一段很長的時間內，其思想的價值還沒有被人們發現。這正如弗洛伊德所說：「人們並不總是把他們中間偉大的思想家認眞當做一回事，甚至在他們極誠懇地聲稱十二萬分地崇仰這些思想家的時候也是如此。」但是，有價值的思想，有貢獻的思想家，或早或晚，終將會被人們認識並且承認，這就是我們經常說的，是金子總是要閃光的。

先秦諸子多是思想家

先秦主要指春秋戰國時代。我們經常聽到「先秦諸子」的說法。「子」是古代對人的尊稱，後來與姓氏或其他稱號相連，便成爲對大學者的敬稱。孔子姓孔，名丘，字仲尼。孔子，就是人們對他的敬稱，猶如我們之稱孔先生，當然，這一聲「孔先生」，可比今天對任何一位孔姓男士的稱呼要尊敬得多。

孔子是位大思想家。他本身沒有寫什麼書，據他自己講是「述而不作」，但他的學生對他很敬愛，學習也很用功，把他講的很多話都記載下來，這樣，就成了《論語》這部書。孔子的話都說得很簡略，意義卻很深沈。孔子的話，幾乎句句都成了中國人的格言，甚至是金科玉律。孔子的思想，是儒家思想的主要組成部分，對中國的文化、歷史產生了極其深遠的影響。

老子是個神秘人物，其人其事，乃至他名聞全球的《老子》這部書，都有著無數的謎。《老子》這部書極其精要，包含著深刻的辯證法思想，是反應和影響中國人世界觀的一部傑作。老子的哲學思想，對中國文化的影響，並不在《論語》之下。

孔子是春秋末年的人，老子的年代，當不晚於孔子。到了戰國時期，又有莊子、孟子、荀子……

莊子有《莊子》這部書，老、莊，既以人又以書，世代並稱，以他們爲思想領袖，又形成了老莊學派。《莊子》一書，思想內容也是十分豐富深刻的，對中國的一部分知識份子，影響甚大。

孟子被稱爲儒家的「亞聖」，有《孟子》一書傳世。孟子被視爲亞聖，並非僥倖所得的榮譽和地位，其多數思想之價值，實際上並不在孔子之下。

荀子名況，戰國末年趙國人，他的著作名爲《荀子》。荀子本是儒家學人，但在戰國時期各學派互相融合的歷史背景下，他從儒家出發，走出兼容儒、法等家的廣闊道路，成爲一位具有顯明綜合色彩的思想家。

還有一位大思想家墨子，他的學派，在戰國時期是和儒家旗鼓相當，一起被稱爲顯學的。但是後來卻「退居二線」了。不過，幸好墨子留有《墨子》這部確夠水準的著作，因此，墨子的思想不會被歷史塵埃埋沒，更不會被人遺忘。

先秦是一個思想極其活躍的時代，尚有許多的思想家，實難以一一道盡。

商鞅，戰國時期思想家中的一顆明星

商鞅，不僅是一位政治家、軍事家，而且也完全夠資格稱得上是一位思想家。在先秦的思想家中，多數都被尊稱爲「子」，而商鞅卻被習稱爲「商君」。其實，歷史上也曾有人把他稱爲商子的，但遠不如「商君」之稱來得普遍。

理由似乎不難解釋。一是因爲他的書就叫做《商君書》，二是司馬遷在《史記》中爲他列傳，也是以商君稱之（《商君列傳》）。當然，最根本的原因還是在於他受封爲商君，在先秦衆多的思想家中，只有他享受了這種待遇。孔子也好，老子也好，生前都是平民（孔子出身於沒落貴族，但到他這一代卻淪落爲爲人辦喪事的吹鼓手了，後來才當過一些不大的官），並沒有獲得充分實施他們的思想的條件，思想家大都不幸，由此可見。商鞅雖然死於大難，但生前畢竟還是地位顯赫、出過風頭的。

商鞅也有一本書：《商君書》。《商君書》記錄了商鞅的許多言論，是我們了解他的思想之主要依據，如果沒有這部書，僅僅根據《史記》的《商君列傳》，我們至多只能了解商鞅做了些什麼，而對他豐富且深沈的思想，就幾乎無法領略了。如果眞是那樣的話，商鞅還能否被我們稱之爲思想家，很可能會成爲疑問。

從商鞅的言論可以看出，商鞅對當時面臨的許多重大問題都進行了充分的獨立思考，得出了建設性的眞知灼見。他的思想沒有漂浮的成份，不加華麗的包裝，樸實而精練，由於他所處的特殊地位，他的思想大多轉化成爲秦國的政策，切合實際，可操作性較強。從歷史廣角度作遠距離的考察，雖然他的思想有嚴重的缺陷，但與先秦諸子的思想比較起來，卻又最適合當時的社會實況，最爲解決當時問題之所需。孔子的思想，孟子的思想，雖然有其長遠的歷史價值，可是在那時卻沒有派上用場，連這兩位「聖人」也受人冷落，甚至吃了很多苦頭，這恐怕並不是偶然的。

話說法家

先說說「百家」

商鞅在學派上，在政治見解和施政特點上，無疑是屬於法家，這也是歷代一致無二的劃分。

翻開《漢書·藝文誌》，我們可以看到：「諸子。法家。商君二十九篇。」這裡所說的，就是有幸傳至今日的《商君書》，只不過今天我們所能見到的，已經不是二十九篇，而是二十六篇了。

在歷史上春秋戰國時代，整個中國還處於分裂狀態之下，全國性的中央集權專制統治尚未建立起來，還不具備在思想文化方面實行嚴格控制的條件，因而，就出現了一個極爲難得，又極爲可貴的「百家爭鳴」的時代，各個學派紛紛登台亮相，各自傳授，各自著述，互相之間則辯駁攻守，既相反，又相成。

「家」，有時稱學派，如儒家、法家等等，有時則是指學科，如農家、兵家即是。「百家」是概言其多，並非確指。又有「十家」之說，這倒是確有其數的，十家見於《漢書·藝文誌》。它們分別是：

一、儒家。這是孔子所創建的學派，出現於春秋末期，到戰國時期，「儒分爲八」，已不是一個整體，甚至同是「儒家」，也有分歧乃至對立。戰國中期的孟子，是儒家的一支——思孟學派（思是指孔子的再傳弟子子思）的代表人物；而被多數人看作儒家但對此尚無定論的荀子，實質上是以儒家立場爲出發點，走向儒、法兩家的綜合。

二、道家。老、莊是其代表人物。老，指老子，本身具有很強的傳奇、神秘色彩，甚至到底是何時何地人，都難以確定。但以他的名義所著的《老子》或稱《道德經》一書，卻又是實實在在的大手筆。莊，指莊周，他是戰國時期人，著有《莊子》一書，價値和地位可與《老子》相比。

三、陰陽家。是以觀星象、考歷數等爲學業內容的，甚至熱衷於「捨人事而任鬼神」。

四、法家。是由研究政治學說而發端的，其實也有不同的偏重。因爲商鞅是這一派的代表人物，下面還要說及。

五、名家。是研究名、實關係的學派，從現在的觀點來看，他們所關注的主要是一些形式邏輯問題，整天爭辯不休，要在今天，倒是一些參加辯論大賽的高手。

六、墨家。代表人物是戰國初年的墨子，他的興趣和研究很廣泛，著有《墨子》一書，其基本思想有兼愛、非戰、非命、貴儉、尚同等。他的學派有嚴密的組織和紀律，形成類似於宗教的團體，領導者稱鉅（巨）子，具有高度權威。

七、縱橫家。擅長於言辭和機變，在政治上，特別是外交活動中極爲活躍和得心應手的一派。

八、雜家。這一派最難辨明其性質，也最不易鑒定其歸屬，所謂「雜」，無非是兩個含義，一是龐雜，兼收並蓄，並無主旨，如此，就沒有自身的學說，只是拼湊而已，若眞是如此，列爲一家，只是虛名，並無實際意義；二是雜糅，吸收各家學說，善於綜合，進而成爲具有特色的一家。前一雜是「物理變化」，後一雜是「化學變化」，性質根本不同，故說到「雜家」，須細加辨析，不可簡單地看。

九、農家。研究的是農業之學，食既是最大的問題，農學也就有人關注。

十、小說家。這一「小說家」不同於今天我們所說的小說家，但要說聯繫，也不能說沒有一點。那時把街談巷議稱作「小說」，其中有類似我們所說的「新聞」和「小道消息」，也有一些傳說一類的故事，總之是很吸引人的，也有好事者注意搜集，記載整理，留下的東西，雖不見得有今天的小說好看，但對那時的精神消費來說，也還夠味。

法家源流

對於法家的起源，《漢書·藝文誌》有一個簡要的說明：「法家者流，蓋出於理官，信賞必罰，以輔禮制。《易》曰：『先王以明罰飭法。』此其所長也。及刻者爲之，則無敎化，去仁愛，專任刑法，而欲以致治，至於殘害至親，傷恩薄厚。」這就是說，法家這一流派，大致是出於理獄定案之官員，既有信於賞，也不苟於罰，用以輔助禮制，這是其長處。如果是刻薄而不知變通的人列於這一學派，那就不重視教化，也不講仁愛，只用刑法這一招，甚至什麼關係都不顧，忍心加害於最親的人，什麼人情，一概不講。

實際上，法家的主流就是社會上從事國務活動的政治家，他們行政治國，爭權奪位，總結了一套經驗和理論，逐漸成爲一個系統。法家學者，多數是政府官員。或者是有志於涉足官場的人。把法家的思想和理論僅僅歸結於施罰行刑，顯然是片面的，法家涉及的是當時的治國理民的理論，就其基本體系和主要內容而言，正是那時的政治學。

法家的源起很早。春秋時期的管子、子產，都有法家的傾向和特徵，因此，他們也被視爲早期的法家。公元前五三六年，子產在鄭國作刑書，這是我國歷史上最早公佈的成文法。後來，鄧析又在鄭國修訂法律，刻在竹簡之上，史稱「竹刑」。公元前五一三年，晉國把刑書鑄於鼎上。李悝通常被看作是戰國法家之祖。他著有《法經》一書，強調以法治國。商鞅在秦國的變法，在某些重要內容上與李悝在魏國的變法有些相似，而商鞅所定的法律，也顯然受到《法經》的影響。據說，商鞅到秦國去謀出路，就是帶著《法經》而行的。

李悝撰《法經》六篇，這是我國古代一部著名的法典，其內容分為六篇：一為《盜法》，二為《賊法》，三為《囚法》，四為《捕法》，五為《雜法》，六為《具法》，原文已經失傳，「商鞅傳授，改法為律」，身為法家，商鞅是李悝最直接的繼承者。

不過，必須注意，戰國時期的法家又有不同的側重。

慎到的勢治理論

慎到也講法治，但他又更側重於勢治；他所說的勢治，也包括對法的運用，但其實質是在統治中注重權勢。

慎到（約公元前三九五～前三一五年）是趙國人，曾在秦國的稷下學宮講學，很有名氣。他認為，君主持國的奧秘不在別的，而在於「勢」，而勢，是由法和權構成，一有權，二有法，君主就擁有了勢，這樣，即使一個平凡的君主，也可以「抱法處勢」，統治天下，其原因，他解釋是君主「賢智未足以服衆，而勢位足以詘賢者」。這就是說，君主的德才不見得比衆人強，但他居於獨一無二的地位，有權有勢，足以使衆多的賢才畏服。

中國古代的哲學家常談到「勢」。勢是什麼?簡而言之。居高臨下，居強淩弱，都可以說是具有勢利。正如我們在中學的物理課中所學過的，一塊石頭，高高舉起，即使並不砸下來，也對下面的物體具有勢能。君主高高在上，對於臣下來說，同樣具有勢，他的這一地位，他所擁有的權力和法律(對專制君主來說，其實兩者是同一回事)，使他具有「勢」，只要他利用得好，並不需要在各方面樣樣都勝過臣下，也就可以輕鬆自如地駕馭臣下。

法家所說的勢，就是一國之內獨一無二的地位和權勢，高高在上，唯其獨尊，使君主以下的臣民感到折服，戰戰兢兢，畏愼知重，這樣，統治地位就鞏固了，最高統治者也可以「無爲而治」了。

歷代統治者都是知道「勢」的重要性的。巍峨的宮殿，高置的龍座，威嚴的儀仗，動輒讓三公九卿下跪的聖旨，無不是「勢」的具體化。西漢初年，大亂之後，一派蕭條，甚至有天子都找不到純一色的馬來拉車，將相只能乘牛車的誇大之說，但就在這種情況下，相國蕭何還修建了很有氣派的宮殿未央宮，剛當上皇帝的劉邦對此很生氣，質問蕭何，爲何急急忙忙這樣做，蕭何的回答是：天子以四海爲家，不把宮殿造得壯麗一些，就不能顯示出威風來。原來，這也是爲了「勢」。

所以歷代專制統治者要確定嚴格的等級制度，不允許僭越，獨一無二，君臨天下之勢，只能屬於一人一家。隨著專制統治的發展，屬於皇帝的君權不斷提高，因此，專制政治之勢，也就愈益加強。這在明清兩代，十分清楚。

申不害強調「術」

申不害強調「術」。申不害（約公元前三八五～前三八七年）是鄭國人，曾在韓昭侯時任相十五年，在韓國實行過改革。他認爲法治，從根本上說是「術」，所謂術，無非就是「因任而授官，循名而責實，操殺生之柄，課群臣之能」，也就是說，君主要善於操縱臣下，用各種手段監督他們，把他們的升降甚至生死都牢牢地掌握著，這樣，君主就好當了，統治就得心應手、毫無困難了。

申不害完全從技術觀點來看君主對統治權的運用，在他看來，這不過是一種技術，說得再得意一點，甚至是一種藝術。莊子講過一個「庖丁解牛」的故事，講一個廚師宰牛後分解牛的軀體是如何的熟練，但他以此打比方，講的是「養生術」。申不害所說的「術」，卻是統治術的熟練和老到。正因爲申不害眞正講的是術，所以，與其稱他爲「法家」，不如稱他爲「術家」。

老到的統治者，無不懂得「術」的重要，又無不能把術運用到得心應手、爐火純青的地步。此術眞是一種特殊之術，說它是藝術也好，說它是技術也可，但似乎藝術、技術都沒它那麼妙。它有一種特殊的魅力，因爲它玩的是人。

歷史上精明的統治者，無不善用權術。用得適當，並不引起人們反感，甚至流傳後世，成爲佳話。弄得不好，就會被視爲奸雄，遭到唾罵。曹操就是一個把權術用得淋漓盡致的人。像什麼割髮代首啦，借倉官的頭平息衆怒啦，都是例子，但他未免做得太過分，令人憎惡。當然這也和《三國演義》的藝術表現有關。

如果說，「勢」是以權力爲基礎，可以看作權力的外在表現的話，那麼，「術」幾乎就是陰謀的同義語。對於申不害所重點強調的術，韓非指出其缺陷是「不擅其法，不一其憲令，則奸多」。陰謀玩多了，還是不行的，術，給予智者以更多機會和便利，也使政治領域的偶然性更容易勝過必然性而起作用，到了一定的時候，往往國君也會智窮術乏，陷於困境。

商鞅也涉及到勢和術，他所理解的「勢」是「名利之本」，他說「術」時則喜用「數」：「術者，臣（應爲『人』）主之術，而國之要也」。所以，他也持「人主失術而不亂者，未之有也」的觀點。但和愼到、申不害比起來，商鞅無疑更側重於法，也就是形諸文字而公開宣布的法律。他相信法律具有最有力的規範和督導作用。勢也好，術也好，都要在法的範圍內、在法的前提下操作，這才合適。

法家的優缺點

司馬遷的父親司馬談，曾詳論陰陽、儒、墨、名、法、道德（老莊）六家的主旨與優缺點。談到法家，他是這樣說的：「法家不別親疏，不殊貴賤，一斷於法，則親親尊尊之恩絕矣。可以行一時之計，而不可長用也，故曰『嚴而少恩』。其尊王卑臣，明分職不得相逾越，雖百家弗能改也。」

這段話的意思是說，法家是不區別親疏，不分什麼貴賤的，只是根據法來斷事，對親者親，尊者尊這些都根本不管。這樣，可以用於一時，但不能長久，所以說法家是「嚴而少恩」的。但是法家的尊王卑臣，明確他們各自的身份和職責，使之不能相逾越，這對百家都是不能改易的原則。

由此可知，法家在思想和處事原則上，把「人情」降到了最低的程度，所根據的就是法，對違犯了法的事情，就要處罰，不講情面，也沒有什麼區別。所以，法家的精神就是公正無私，一視同仁。

這不能不說是一個很大的優點。但是，法家也就有兩個不可克服的弱點了。

其一，世界上的事情是很複雜的，法不能包羅萬象，也不可能規定一切。法，雖然被人們比作準繩、尺度，但無法把大大小小的事情都規定好，所以社會生活除了法的管制機能外，還需要其它方式、規矩。單純靠法是不行的。

其二，人終究是有情感的社會動物，人的思想、情緒，也總在變法之中。爲了維持正常的社會生活，不能沒有法，但一切都由法管得死死的，也確實使人感到窒息。社會生活機制需要一定的彈性，像法家這樣把弦綳得過於緊的思想和學說，也使人難以持久地忍受。

實際上，眞正鐵面無私的法家，不能說沒有，但也是少有，特別是代表統治階級利益的法家人物，實際上也很難做到執法無偏。就是像商鞅，也畢竟不能對太子駟動刑嘛，結果拿公子虔和公孫賈開刀，在這兩人看來，商鞅也沒有做到「刑無等級」呀。更不用說，有的法家完全是玩弄權勢那一套的，與司馬談所論的法家也大不相同。

法家錯誤地認爲，用法就可以解決一切問題，用刑就可以使人民畏懼，實際上，法既不可能解決所有問題，嚴刑酷法也不足以使人民屈服。最嚴酷的刑罰無非是把人殺死，然而，老子早就認識到：「民不畏死，奈何以死懼之？」法深則積怨，弄得不好，極少數自認爲高明的法家政治家就有可能站到絕大多數人的對立面那邊去。「秦任法律」，秦始皇之所以從雄才大略、一匡天下之主而終於獨夫民賊，原因正在於此。

然而在如何對待人民的問題上，儒家就比法家高明，是視民爲赤子，還是視民爲草芥，儒家表態是選擇前者的。孟子說：「得其民有道，得其心，斯得民矣。」儒家向來認爲得民心者得天下，既認識到人民的偉大力量，也懂得民心不可侮，民意不可違。至於像法家那樣一味用高壓手段對付人民，強迫人民服從統治者的意志，更是爲正統儒家所反對的。

儒家又重視用思想教育、道德感化這樣一些柔性處理的措施來進行統治，對社會矛盾進行一些疏導。孔子說得很明白：「道（同『導』）之以政，齊之以刑，民免而無恥；道之以德，齊之以禮，有恥且格。」他的意思是：對於民衆，用政治法律來引導他們，用刑罰來整治他們，都只能讓他們不犯罪過，但他們並無自覺的羞恥之心；如果用道德來引導他們，用禮教來整飭他們，人民不但有羞恥之心，而且心悅誠服、心無二意。顯然，孔子非常重視心教與心化，懂得教化能收到法律無法達到的效果。

商鞅也並非對於民心絲毫也沒有顧及，你看他不也說「聖君之治人也，必得其心，故能用之」。但如何能得民心，商鞅只考慮滿足他們求富求貴的願望，並且以嚴刑管理（「求過不求善」，竟是那麼嚴酷、冷漠），而忽視對他們的思想教育和情感影響，因而，絕大多數人的欲望是不可能滿足的，倒是嚴法酷刑使人民難以忍受，所以，這種方法單一的統治難以持久。

總之，法家學說在複雜的人類社會中難以單獨發揮優勢，這從根本上說，是因爲人類社會是一個極其複雜的多元化有機體，因此對社會進行統治管理的方式方法也應是多種多樣的。

商鞅的法治思想

商鞅是眞正的法治主義者

愼到、申不害、商鞅都被認爲是戰國時期法家的代表人物，似乎他們的區別僅僅在於側重點的不同。其實，他們當中，只有商鞅注重於立法、行法，改革的舉措都用成文的法令宣示全國。因此，商鞅才可以說是眞正的名副其實的法家。

商鞅主張「緣法而治」，也就是依法治國。他認爲，依法治國，整個國家就有了判斷是非的準繩，建立起正常的秩序，國家才能保持穩定，才能得到發展的基本條件。

商鞅認爲：「有主無法，與無主同。」君主進行統治，是離不開法的，君主的統治，就是按照法律行事。英明的君主必須立法分明。「明主愼法制」，商鞅要求君主治國理政要以法律爲準繩。他要求「君好法」，但又說「法者，君臣之所共操也」，法應當是君臣共同遵守的原則。

以法治國，國家政治有法律指導，也多少受到法律的制約，這無論對誰而言，總比無法無天要好。儘管商鞅也主張專制的君主權力，但按照他所設計的體制，君主畢竟不可能一個人代替整部國家機器，因此，總還是要受法的制約的。

而愼到所主張的「勢治」，申不害所主張的「術」，都是可以隨心所欲的東西，它們都使君主處於主動地位，使君主擁有極大的自由。什麼勢，那就是強權壓人，什麼術，那就是一套想要怎麼卑劣就怎麼卑劣的耍人手段。要是遇到無道邪惡的君主，那就會給國家帶來極爲可怕的後果。所以，比較而言，商鞅的法治在歷史上是有進步意義的。商鞅所倡導的是「主貴多變，國貴少變」，所謂「國貴少變」，是指法律法令應相對穩定；所謂「主貴多變」，則是指君主要善於權變。由此可見，商鞅強調法，並未忘掉君主的統治術，但他把法放在首要的位置。

商鞅肯定地說：「是以知仁義之不足以治天下也」。「不貴義而貴法」，商鞅以此與儒家劃出了界線。

治國三要素——法、信、權

商鞅說：「國之所以治者三：一曰法，二曰信，三曰權。」對此，我們可以理解爲商鞅心目中的治國三要素。而要中之要，則是法，這是一個國家政治上的首要條件。

商鞅認爲：法，是君臣共同遵守的；信，是君臣共同確立的；只有權，才屬於君主，由他單獨掌握。君與臣，無論是誰，都不能「釋法而任私」，不能「以私害法」，如果出現這種情況，國家必亂。商鞅爲國君樹立了一個理想的模範形象，這就是「明主」，明主一要任法，二要重信，三要愛權——珍惜自己的權力。

分開來看，法、信、權三者都爲人們所熟悉，對它們各自的意義，也沒有什麼爭議，而把三者聯繫起來加以思考，並且從中看出依憑和制約機制，這是商鞅的卓絕不凡之處。權屬於國君，但要依法用權，法與信，爲君臣共有，誰都不應違背，這樣，國家就會有良好的政治秩序。這一理想模式的設計，表現了商鞅政治思想的深刻。

商鞅一再提及法律、法令都要切合實際，他說「觀俗立法則治，察國事本則宜」，「因世而爲之治，度俗而爲之法」，這些言論都蘊含著這樣一個深意：即立法、治國，都要符合國情。商鞅變法的內容，明顯地具有秦國的特點，這說明，商鞅制定政策是有的放矢的，是考慮了秦國的國情民情的。我們今天常說的「從實際出發」，雖然商鞅沒有把這條眞理表述出來，但他多少仍意識到了。

法治體系

商鞅是主張君主有絕對權威的。他認爲，國家治理不住老百姓，這就暴露了君道的卑弱，君道卑弱不振，國家是不能富強的。他要求「權制獨斷於君則威」，國家的最高權威要集中到君主手上。

他又認爲，「天下之樂有上也，將以爲治也」，民衆是希望有君主權威的，天下希望有君主的權威，是因爲這樣能使天下得到治理與安定。

雖然他還沒有明確提出對君權的制約問題，但他是主張以法來限制君權的。

在他看來，君主只能依法行事，與民衆一樣，無權做任何違法的事情。這樣就能給民衆做出榜樣，才能依法制民，以法治國。

所以商鞅以法治國思想在實施上的思路是：「治莫康（康意爲大）於立君，立君之道莫廣於勝法，勝法之務莫急於去奸，去奸之本莫深於嚴刑」。這就要求建立與法治相配合的君主集權統治，把法的權威樹立起來，使之成爲一國之內人人都要遵循的準繩，再以嚴厲的刑法遏制「犯罪」，除去「奸人」。

在商鞅看來，國主有明暗，其區別在於是否「任法」，也就是是否按法辦事，依法治國。如果按法辦事，依法治國，就可以稱得上明主，而且明主治國，依法而治，國家也必然得到治理。

這樣，商鞅要讓君主在權力、權勢之外，再獲得一個質的規定，那就是要有法、依法。當然，商鞅心目中的最高君主，必須牢牢掌握權力，並對全國實行有效的統治，他說「權制獨斷於君則威」，這就是說，君主的權力是不容許旁落的，國家的大計必須由他一人說了算數。「處君位而令不行，則危」，處於君位，不能行令，還算什麼君主，那是非常危險的。但是，君主不能法外行事，不能胡來。「明主愼法制，言不中法者，不聽也，行不中法者，不高也，事不中法者，不違也」，這就要求君主一切都要以法爲制約。

在商鞅看來，國君固然重要，固然不可或缺，但沒有法與沒有君同樣是不行的。他說：「今有主而無法，其害與無君同，有法不勝其亂，與無法同。」所以，商鞅政治思想的核心是法治，沒有法斷然不可。

商鞅認爲，法的作用，在於制君、制民、調節君臣、君民等各種關係，並且使國家政治生活有指導性的依據，使行賞施罰均有標準。

商鞅把他看來毫無價值的巧言虛道與他看來無疑是正道的法對立起來，要求君臣共同守法，他說：「君好法，則臣以法事君，君好言，則臣以言事君。君好法，則端正之士在前，君好言，則毀譽之臣在側。」總之，在他看來，好法，還是好言，政治效果是相去甚遠的。

古希臘的思想家亞里斯多德說：「尤爲重要的是，每一個國家都必須以法治國。」東方的思想家商鞅與他所見略同。

法國啓蒙思想家盧梭說：「統治者最需要關心的事情，甚至他最不可缺的職責就是監督人們遵守法律。統治者是法律的臣僕，他的全部權力都建立於法律之上。同時，由於他享受著法律的一切好處，他若強制他人遵守法律，他自己就得更加嚴格地遵守法律。」比他早二千餘年的商鞅，思想的翅膀也曾掠過這裡。

民衆與法

廣大民衆是被統治者，商鞅之法，對於民衆來說，原則是「求過不求善，借刑以去刑」，強調刑罰，主張嚴厲，主要是針對他們的。商鞅倒也並不諱言此，他承認法的目的是勝民、制民，而絕不能讓民勝法，「民勝法，國亂」，這在他看來，無疑是極其嚴重的事情，所以，能制天下，先制其民，「故勝民之本在制民」。

但是商鞅居然還能提出一個論點，即「法者所以愛民也」。

商鞅可能是這樣來看的：有法顯然比沒法好，法治顯然比隨心所欲的人治好，法給了國家以穩定和秩序，從而也使人民的生存得到了某種保障。法限制了亂君，打擊了奸吏，於民是否有利，也是一望即知的。

商鞅在法的問題上不主張神秘主義，而提倡公開性，他提出要把法告訴人民，要讓人民知法懂法守法。所以他主張法律法令要明白易懂，甚至還主張進行法制宣傳和法制教育。「故聖人之法，必使之明白易知，名正，愚知（同『智』）遍能知之；為置法官吏為師，以道（同『導』）之知，萬民皆知所避就，避禍就福，而皆以自治也。」

法律當然也是對各級官吏的制約，也是督察的依據。「法平，則吏無奸」，法可以使官吏廉直清正，並能保證政令的暢通無阻。商君此言在相當程度上是中肯的，只是也未免有失之理想化的一面。不管怎樣，「吏無奸」，對於最容易受吏欺壓的普通百姓來說，總還是一個福音吧。

有法必依

商鞅眞不愧為法律、法制、法治的熱烈倡導者，他希望每一個人都知法懂法，整個國家都在法制的軌道上運行，一切井然有序，誰也無權、無法破壞法制秩序。

「法，國之權衡也。」他把法看成是國的最有權威的準繩，只有依靠法，才能別是非，定賞罰，如果沒有法，是非怎麼定？賞罰又根據什麼？

但是商鞅也看到法律制定出來後，並不一定能眞正得到切實執行。他說「國皆有法，而無使法必行之法」，這倒的確是一個自有法以來古今中外普遍性的問題。十七世紀英國思想家、哲學家洛克也曾說過：「如果法律不能被執行，那就等於沒有法律」，直到今天，我們仍然還沒有與這個問題揮手告別。

有法必依，就不能有法律不適用的例外。商鞅非常淸楚這一點，他把貴族和平民放在法律面前平等的地位上，鄭重而明確地提出了「壹刑」的思想。

商鞅以「刑無等級」、「行法無偏」來解釋「壹刑」，這並不難理解，就是不管是誰，同罪同罰，不分親疏貴賤，無論何人（當然不包括國君），只要觸犯國禁，干亂法制，就要同罪同刑，決不寬赦。依據「刑無等級」和「行法無偏」的原則，商鞅對敢於與新法作對且地位很高的人物也動了刑具。公子虔兩度受刑，後一次被割了鼻子，公孫賈在臉上被刺字，以後有八年不敢出門。在商鞅懲處的人中，肯定還有這樣的案例和案犯。這說明，他的「行法無偏」並非只是信口開河而已。

在以往貴族特權隆盛的等級社會中，盛行「禮不下庶人，刑不上大夫」的原則，到了大夫那一級，就可以享有犯法免於處罰的優待，這顯然是極不公平的。「刑無等級」，就等於宣告取消舊貴族的這一特權。

一直據於優越地位的世襲貴族，當然是仍然希望繼續保持他們的特權，但如果不對舊的制度進行改革，就無法削弱舊貴族的勢力，更何況，如果對於舊貴族反對變法的舉動不能嚴厲打擊，那麼改革就根本無法進行。

因此，商鞅「刑無等級」的方針，主要是針對那些舊貴族，因爲普通民衆本來就是無特殊地位，對他們用法並不存在困難，無需強調克服等級障礙。

商鞅主政時期以及此後的秦國，都是強調嚴刑峻法的。因此，不分等級之刑，對廣大民衆來說，還是意味著專制暴政，並不是什麼特別值得慶幸的事，但如果對比以往法因人異的情況，那麼，顯而易見，這一政策在中國法制思想史上確有著重大的意義。雖然還不能簡單地說這一思想已經等同於「法律之前，人人平等」的近現代法制思想，但它透過否定以往賦予貴族特權的法律制度，發揚了法不異人的觀念，這終究還是一種進步的思想。

設置「法官」的妙想

二千多年前的商君，實在會動腦筋，有些設想，甚至令我們這些後人吃驚。例如，他提出的設置法官的想法，就是這樣。

他主張，在中央即天子周圍，設置三法官，一設於宮廷中，即最接近天子的一個，另外，在御史和丞相那裡，也各設法官。諸侯、郡、縣也都仿照而設。

這一設想倒還沒有什麼，奇的是他所賦予這些法官的職責，其職責有二：「吏民（欲）知法令者，皆問法官」，此其一；如果有官吏爲非作歹，「遇民不修（當爲循）法，則問法官，法官即以法之罪告之」，此其二。

在這些言論中，提到天子、御史、丞相，故它們是否直接出自商鞅本人，似有可疑，但從思想體系來綜合考察，商鞅提出這樣的思想還是完全可能的。

所謂「法官」，兼有法律的解釋和監督雙重職責。商鞅主張「愚民」，所以民衆沒有文化，也難以懂得很深的道理，雖然法令儘可能地「明白易知」，但還是需要一些專職人員爲師，向他們宣傳，教民知法守法。因而，這些法官又被稱爲「天下師」，他們是那時的法律萬事通。

不僅如此，法官還要身負監督法律的實行，如果各級官吏「以非法遇民」即不按照法律對待民眾，民眾可以去向法官了解有關的法律規定，法官把官吏有哪些地方違犯了法律告訴他們，他們再把法官的意見正告給官吏，迫使其改正錯誤，依法辦事。這樣一來，民眾不敢犯法，官吏也不敢枉法了。

這裡，商鞅提出了法律諮詢的思想，老百姓不懂法律也不要緊，他們可以找得到人請教，有法官爲他們提供諮詢，解釋法律，伸張正義（從法律意義上而言）。按照商鞅的設想，在官吏有對待老百姓的犯法行爲時，法官是要，也是會爲百姓撐腰的。

這在我們聽起來確有點像神話，但商鞅可是在認眞地談法治啊！中國古代思想家或多或少有理想色彩，儒家如此，法家也如此。商鞅關於法官的想法，不知在秦國境內是否實行過，更不知如果眞的實行起來，商鞅又有何辦法對法官加以監督？雖說如此，商鞅關於建置法官的思想，的確有其很高的價値，這可以看作他尋求「使法必行之法」的一個大膽設想，（如果眞的實行過，那更是卓絕的嘗試），即使在今天，也還值得我們在法制建設中參考。

商鞅的歷史觀

商鞅談歷史

作為思想家，商鞅有他的歷史觀。

商鞅不是歷史學家，但從他留下的言論來看，他對歷史還是有心得的。在《商君書》中，我們可以聽到他給我們講述歷史的聲音。

他向我們追溯到很遠很遠以前，講述著那遙遠的傳說故事。他說，在那遠古的昊英（一作「皞英」）時代，昊英號召人們「伐木殺獸」生活，那時到處是森林，野獸很多，而人卻很少。到了黃帝的時候，就不准人們捕殺幼獸，不准取食鳥蛋，也不准用多層的棺材作為葬具了……

他從昊英講到黃帝，又講到神農，他認為，歷史是發展的，由昊英到黃帝再到神農，時代變了又變，所以他們各有各的政令、都能順應時代的變化。

他又宣揚「三世」之說。三世，即上世、中世、下世，「上世親親而愛私，中世上（通『尚』）賢而說（通『悅』）仁，下世貴貴而尊官」，意思是說，最早的上古時代，人們活動範圍極爲狹小，人際關係也極簡單，人們只看重血親關係，到了後來的中世，人們尊重賢人，看重仁德，再後來，到了下世，人們就服從有權勢的人，對居於官位的尊貴者恭敬服從。

商鞅的這些話多少還是說明了人類歷史發展中一些階段性的特點。他所說的人們特別重視血親關係的時期，是人類歷史上的氏族公社時期，實際上，那時人們只知道自己所在的氏族和關係密切的胞族。而後尚賢而悅仁的時期，是原始公社末期軍事民主制時期。再往後，歷史進入了階級社會，人與人之間，有了統治和被統治、強制和被強制的關係，當然，人們只好「貴貴而尊官」了。由此看來，商鞅對歷史進程的述說，還是比較接近於實際的。

商鞅的歷史觀，實際上成爲他政治思想的基礎，雖然他未必自覺到這一點。他的歷史觀，引導出他的加強專制集權統治的合理性和必然性的理論。

歷史發展今勝昔

既然歷史是發展的，一代不同於一代，因此，每一代人都會面臨不同的情況，沒有必要照黃曆辦事。商鞅談了歷史觀後，就得出了這樣的結論。

然而，有人卻不是這麼看的，他們總覺得老經驗可靠，老辦法保險，既然老祖宗一直是那麼做的，爲什麼要改變呢？

不用說，在中國，這樣考慮問題的人眞還不少。早在兩千多年前的西漢武帝時代，出了一本書叫做《淮南子》，是其時淮南王劉安籌劃並組織門客編寫的。書中就指出當時一種「流行病」——「好古」：「世俗之人，多尊古而賤今」，宣揚道學的人一定要假托神農或者黃帝才能立論成說，假如是當時人所寫的書，要是說成是孔、墨所著，就會有人畢恭畢敬地學。書中還舉了一些令人發噱的例子，有人新創作了樂曲，說是古時的善作曲者李奇所作，就吸引了衆多的人來學，一時非常流行，但當他們得知並非李奇所作時，就不再喜歡它了。一把劍，有很多缺損，但有人把它說成是楚國的頃襄王的寶劍，連那些很有社會地位的人也爭著佩帶。一架琴，簡直是不成樣子，但要是說成是楚莊王用過的，連很有身份的人物也會爭著去彈。

這正說明了中國人的一種傳統病：無論做什麼事，總是喜歡到經典、史籍或者聖賢的語錄中去找根據，如果沒有可靠的依據，那最好不要輕舉妄動，否則，一不愼，準會落得頭破血流，身敗名裂的下場。

且看那王莽、王安石、張居正，這些歷史上的改革家，有哪一個不是用盡心思，到古書、古人、古事中去爲自己的作法找根據作證明？雖然這更多的是一種策略。

偏偏商鞅沒有，他連策略地虛晃一槍也省略了。你看他說得多直接又有道理：「三代不同理而王」，每個時代有每個時代的情況，只要因時制宜，都可以辦好事情，爲什麼偏要死腦筋呢？自然，這一思想乃至作法的後果也是嚴重的，他自己即死於變法。

農本思想

治國之要農為首

商鞅尖銳地指出：「今為國者名無要。」「無要」，就是不知重點或抓不住重點。治國而不舉要，當然也就徒勞無功。

要抓住重點，首先必須知道何為「治國之要」。商鞅說得很明確：「聖人知治國之要，故令民歸心於農。」這與他所言的「國之所以興者，農戰也」這一基本認識是一致的。

中國古代的思想家、政治家，幾乎都持「以農為本」的思想，這時候，他們談「本」，說的是國家最基本、最重要的產業，這就是農業。商鞅也不例外，而且是最堅決的重農派。

對於每一個人來說，農業是關係到有沒有飯吃、能不能生存的大問題；而對於一個國家來說，即由之引出是否安定的問題，乃至關係到它的國力大小，是強是弱。

中國從很早的時候就是一個農業國，國家的立國之本是農業。農業上軌道，百姓才能安心，國家才能穩定，統治者也才能放手做些事情。所以歷朝歷代的帝王宰輔，都是把這個問題當作頭等大事的。

據說古時候的神農氏就說過，哪怕你有多麼高多麼堅固的城牆，有多麼寬的護城河，有多麼強勁的軍隊，只要缺了一樣東西，你的城就守不住。這樣東西就是糧食。

商鞅深知，要使秦國強大，首先必須要使秦國有發達的農業，要使秦國能依靠自己的力量生產足夠的糧食，才能保證秦國軍事擴張的勝利。而要發展農業，必須有極大的人力投入，投入得越多越好。他作過這樣的比喻：「百人農，一人居者王，十人農，一人居者強，半農半居者危。」

既然商鞅知道「聖人知治國之要，故令民歸心於農」這一重中之重，由此可知，商鞅所說的「知要」是指懂得農業的重要性，並因而能讓人民都樂意務農。

農業是財富的唯一來源，這是商鞅的一個基本觀點。他把工商業者都看成是多餘的甚至消費性的人口。農業也是國富兵強的一根支柱，商鞅之重農，與其說是從經濟觀點出發，不如說是從政治目標的考慮出發。

盡地力

在戰國時代，人口還很少，有人做過大略的估計，全中國可能只有兩千萬人口，只大約相當於今日人口比較少的一個省份。與此同時，還有大量的土地沒有開墾出來。在這種情況下，人口與土地的矛盾還不顯得那麼突出。當時主要的問題是勞動力缺乏，農業生產水準低，迫切需要提高土地開墾率和農業的產量。

戰國法家的鼻祖、變法的先驅人物李悝就提出了「盡地力之敎」的政策，商鞅步其後塵，把這一政策推行得更加有力，更加徹底。

商鞅說得很有道理：「地大而不墾者，與無地同。」誰都知道，就農業生產而言，土地是一種潛在的資源，它的價值，要通過勞動力等的投入，才能實現。只有和勞動結合，土地才能產出，才能提供價值。

比起李悝來，商鞅「盡地力」的思想還是有些不同，也可以說是有了進步。商鞅除了要求充分開發土地，盡量提高土地的利用價值外，他還注意到要提高農業的單位面積產量，即提高農業勞動生產率。他要求農民勤力耕作，也指出「地少粟多」較之「地多粟多」更佳。這說明，比起李悝來，商鞅已把「盡地力」與「盡人力」結合起來，既鼓勵多開墾土地，又謀求提高農業生產效率。

看來，我們今天所經常說的經濟效益，也並非完全是一個「新概念」，商鞅的「地少粟多」，已經多少涉及到這個問題。在我國，可耕地面積有限，與龐大的人口比較，更顯得嚴重不足，因此，我們在取得以不到全球百分之七的耕地養活世界五分之一的人口的成就下，還要追求更佳的「地少粟多」的效益。

在秦國的農業生產水準有了大幅度提高的好形勢下，商鞅仍保持著清醒的頭腦，有著「倉廩雖滿，不偷於農」的可貴認識。這說明商鞅志向的遠大和考慮的週到。志向遠大，即他的目標是建立霸業，因此「倉廩」雖滿亦未滿，不僅未滿，還差得遠；考慮週到，是他懂得農業受天氣等自然條件影響較大，倉廩滿時要想到空時，糧食還是努力多積爲好。

「作壹」

商鞅是個凡事喜歡講一律、講純粹的人。他多次用「壹」來表達他的思想。他講的「作壹」，就是讓農民一心務農，祖祖輩輩把一身的汗水灑在莊稼地裡。「作壹」就是農民只務農事，不做別的，全國絕大多數人不做別的，只務農事。

他把「壹」提到很高的意義上去看待：只有聖人能使整個國家「作壹」，把全國的力量都集中到務農上去。

看來，商鞅不是一個不了解民情的官僚主義者，恰恰相反，他知道農民的生活狀況。他說過，「民之內事，莫苦於農」，當然，這並不能得出商鞅同情農民疾苦的結論。實際上，正是因爲商鞅知道農民很苦，所以他也更懂得把農民固著在土地上的不易。

爲了在社會分工和社會勞動力的配置上能做到「作壹」，商鞅就用政策來進行引導，這就是他所謂的「令民必農之法」。

政策之一，就是「貴粟」「貴食」，提高糧食、食品價格，可以體現重農的

106-

台北市新生南路3段88號5F之6

揚智文化事業股份有限公司 收

廣告回信
臺灣北區郵政管理局登記證
北台字第8719號
免貼郵票

地址：

市　縣

鄉鎮　市區

路（街）　段　巷　弄　號　樓

（請用阿拉伯數字書寫郵遞區號）

□揚智文化事業股份有限公司 □生智文化事業有限公司

謝謝您購買這本書。

爲加強對讀者的服務，請您詳細填寫本卡各欄資料，投入郵筒寄回給我們(免貼郵票)。

E-mail:tn605541@ms6.tisnet.net.tw

網 址:http://www.ycrc.com.tw

（歡迎上網查詢新書資訊，免費加入會員享受購書優惠折扣）

您購買的書名：____________________

姓　名：__________

性　別：□男　□女

生　日：西元______年___月___日

TEL：(　　)________　FAX：(　　)________

E-mail：請填寫以方便提供最新書訊

____

專業領域：____________________

職　業：□製造業　□銷售業　□金融業　□資訊業
□學生　□大眾傳播　□自由業　□服務業
□軍警　□公　□教　□其他______

您通常以何種方式購書?

□逛 書 店　□劃撥郵購　□電話訂購　□傳真訂購
□團體訂購　□網路訂購　□其他______

↳對我們的建議：

政策，也可以使非農業人口生活變得不易，這樣，就有利於農民的穩定。

政策之二，是加重對非農業人口的賦稅徵收，所謂「非農之徵必多」，就是這樣制定出來的。

政策之三，是嚴格控制糧食交易，他的設想是「使商無得糴，農無得糶」，糴，是買入糧食，糶，是賣出糧食。使商人無處買糧，這豈不是絕了他們的生路，目的很明顯，是迫使商人返回農業生產，不讓農民棄農從商。不讓農民出售多餘的糧食，是爲了便於政府的搜刮。

總之，在中國古代，重農和抑商，似乎是連體難分的政策，要重農，就必須抑商，如果不實行抑商政策，重農最終會成爲一句空話。原因在於，農業勞動生產率太低，農民生活太苦，而「用貧求富，農不如工，工不如商」的現象一直存在。

商鞅懂得，單純把民固著在土地上，還是不夠的，還必須使他們眞正安心務農，所以他提出的口號是要讓民「歸心於農」即眞正把心思放到農業生產上去，不起遷業之心，再無其他打算。

商鞅的用人思想

重用賢人

對於用人問題，商鞅是非常重視的。他所期盼的賢人，是明法和守法之人，用人要用賢人，但要使出色的人選產生出來，關鍵仍在於「明主」，只有明主才能識別和重用賢人，「明主在上，所舉必賢，則法可在賢」。商鞅此語，就明確了主、賢、法三者之間的關係：英明的君主舉拔賢才爲官，如此賢才掌握法律，使法律得以貫徹執行。

戰國時期是一個需要大量治國人才的時期，因此，幾乎所有學派，所有的思想家都提到了重視賢才、選拔和重用賢才的問題。像墨子，就是一個典型，他就是使勁提倡重賢的。墨子提出尙賢的思想：「雖在農與工肆之人，有能則舉之，高予之爵，重予之祿，任之以事，斷之以令。」他還根據「量功分祿」的原則，提出「官無常貴，民無終賤，有能則舉之，無能則下之」的可上可下、能上能下的原則。商鞅的用人思想，在這樣一個原則上，與墨子的基本精神是一致的。

商鞅的用人思想，強調了這麼三條原則：

一是從有爵位的人員中提拔官員。他明確地提出「不官無爵」，秦人取得爵位的途徑有二條：一是建立軍功，二是透過向國家繳納相當數量的糧食。有爵之人主要是軍功人員，讓他們當官，即是秦國「國以功授官予爵」的原則之確認，這也可以看作是秦對建立軍功人員實行重賞政策的一個延伸。這有利於秦國迅速崛起的軍功地主階層參與各級政權。

二是不用游說之士。他把滿足以「巧言虛道」求官的人稱做「勞民」，意即博取那些對國家無用之士的歡欣。商鞅痛恨這類人，他絕不允許「垂衣裳而談說者」得到好處。然而，從《商君書》也看得出，當時又確實存在力圖以言取官的現象，這當然是與商鞅鼓勵農戰和加強統治的政策相違背的。他明確宣布：均依據功績來取官爵，否則，縱有三寸不爛之舌亦無所用。

三是不用那些走門路，行賄賂的人。從《商君書》可以看出，當時存在著

「下動衆取貨以事上而以求遷」的醜惡現象。「多貨，則上官可得而欲也」，這是一部分官員的心態。商鞅是堅決主張堵住這條邪路的。

雖然商鞅表述過用賢人的思想，但他對於何爲「賢人」，思想既混亂，又狹隘，他所需要的賢人，實際上是有幹練的行政才能，又能忠實地執法的人，而思想新穎、活躍，善於思考和論辯的人才，反而是爲他所忌的。

「官無邪人」

他要求嚴厲查處「邪官」。

什麼是「邪官」，商鞅沒有給予具體的解釋，但這似乎又無須解釋，古往今來，只要有了官，只要還有官，誰不知道「邪官」。

貪污腐化是邪官、徇私舞弊是邪官、草菅人命是邪官、不問民瘼是邪官。

在人們所聽到過的名字中，隨便可以舉出一串來：高俅是邪官、梁中書是邪官、和珅是邪官、王寶森是邪官。

自古以來，老百姓吃邪官的苦頭可吃夠了，可以說，沒人不恨邪官。

但是，哪朝哪代沒有邪官？有的朝代還管得嚴些（大多也只是在立國之初），有的就讓邪官成了氣候，無法無天，百姓更是吃盡苦頭。

很多人沒有聽說過商鞅對邪官的態度，要是知道商鞅是那樣痛恨邪官，恐怕眞還會覺得商鞅可愛呢！

當然，商鞅對邪官如此也並不是愛百姓、爲了保護百姓，而是爲了建立一個正常的政治秩序，他不能容忍那些目無法紀而又佔著官位的蠹蟲肆意踐踏法制，這樣，國家毫無秩序可言，一片混亂，哪裡還談得上富強壯大。他說：「官無邪，民不敖。」官不壞，百姓就不會遊蕩在外，而會安心在家務農，正因爲此，他才那麼重視不讓「民中苦官」的情況出現。

看來，商鞅爲壓制邪官還是盡了一定努力的。也許，秦國的老百姓後來擁護商鞅，其中很重要的原因，正是因爲商鞅爲他們減輕了邪官的禍害吧！

行政管理思想

依法行政

在商鞅看來，官員最重要的是必須懂法，一切行動、政措都必須以法律爲準繩。他說：「吏不敢非法遇民，民又不敢犯法。」如此確立官與民的共同準則。由此可見，商鞅不僅嚴格地約束民衆，而且對官吏也是極其嚴格的。

正因爲這樣，秦國的吏治澄清，無人敢於貪贓枉法，結黨營私，或者是辦事拖沓，怠忽職守。戰國末年，遊過列國的趙國人荀況（荀子）也到了秦國，他概述了他在秦國的觀感，談到對其官吏的印象，他說：「及都邑官府，其百吏肅然，莫不恭儉敦敬，忠信而不楛，古之吏也。入其國，觀其士大夫，出於其門，入於公門，出於公門，歸於其家，無有私事也。不比周，不朋黨，倜然莫不明通而公也，古之士大夫也。」比周，指結夥營私；朋黨，指狼狽爲奸。雖然，荀況所見是商鞅變法以後的情況，但這顯然是與商鞅變法時期所形成的傳統分不開的，也是秦國長期保持清正嚴肅的官場風氣。

商鞅堅決而明確地表達了他對官員營私的憎惡。「大臣爭於私而不顧其民」，這必然會給人民帶來深重的苦難。他還把官吏暗中侵漁百姓的惡行，稱之爲危害人民的「蠹」（也就是蛀蟲）。他把「使官不敢爲邪」，使與國君相隔的普通民衆「中不苦官」作爲依法行政的目標。

「國無怨民曰強國」，商鞅治國，是想達到「國無怨民」的效果，他的意思，無非是在依法而治的形勢下，無論是獎是罰，百姓都說不出什麼不當來。如果能這樣，當然好，但這顯然是不可能的。

「無宿治」

「無宿治」，換一個說法是「治不留」，這樣的話，今天的人聽起來不好懂，但是要用一兩句話解釋一下，卻是人人要叫好的。

多少年來，我們都在批評官僚主義，官僚主義最壞事、最令人厭惡的表現之一，就是辦事拖拉，能快辦的事也要拖，慢慢來，你急他不急。官僚主義者有句口頭禪，這在中國是家喻戶曉的，就是「研究，研究」，這一「研究」，就可能拖上個十天半月，一年半載，甚至是泥牛入海，再無消息。

因此，老百姓是多麼希望當官的儘量少唱「明日歌」，能辦的事盡快地辦，速戰速決。如果哪個官哪個單位能做到今日事，今日畢，絕不拖到明天，那真太叫人高興了，說不定會有人「三呼萬歲」呢！

商鞅可是個鐵嘴鐵手腕，他向秦國的官員提出了「無宿治」的要求，不准辦事拖沓，提高行政效率。

當然，商鞅提出「無宿治」，並非爲平民百姓著想，其直接目的主要有三個：一是爲了節約農民在訴訟等事務上的時間，使農民有「餘日」即更多的時間用於生產；二是爲了提高秦國地主政權的行政效率，加強秦國的專制集權統治；三是讓邪官來不及利用百姓有事要辦的機會牟取私利。如果把秦國的政府和官員看成是兢兢業業爲人民服務，那可是誤解了。只是，作爲一種行政管理思想，「無宿治」是值得借鑒的。

分層治理

雖然商鞅主張加強絕對君權，但他卻又有富於辯證法的思想，認爲不能事事都由國君來親斷，還得要發揮政權和社會各個層次的作用。

他的一個思想是：「故有道之國，治不聽君，民不聽官。」在治理得好的國家裡，處理政事不是都要聽國君的，老百姓也不是什麼都要直接受命於官的。

他還說：「國治，斷家王，斷官強，斷君弱。」一個國家治得好不好，有各種情況，事情能夠在家庭中就得到解決的，這樣的國家可以稱王，什麼事都要靠官府來處理的，這樣的國家只能算強，什麼事都要由國君親加過問的，這樣的國家就弱。

換句話說，一個治理有序的國家，國君無須事必躬親，民衆也不是什麼都聽官員們的。國家的治理，凡事斷定於家中才是好，靠官斷定的事多了，就遜一籌了，而什麼都由國君作主，那不是好事，是國家弱的表現。

不眞正把握商鞅的政治思想體系，是難以窺透他這番話的意思的。在商鞅看來，加強君主的權威，並非意味著什麼事都要由國君親斷，國家眞正要強大，必須層層有人管，而且是有法可依，依法行事，實行法治。所以一個治理得好的國家，政事並不都要聽國君的，百姓也不是什麼都要聽當官的，而「聽法的」，是有法可依，依法行事的。事情能在家庭中就得到解決的，這樣的國家就可以稱王，事情要由官員來處理才能解決的，這樣的國家只能稱得上強，比稱王還差一截，如果什麼事都由國君獨斷，這樣的國家是弱的。

懂得了商鞅的這樣的思想，就不難理解他的政治設計上的意圖。他爲什麼要那樣重視家庭的改造，他爲什麼要實行什伍連坐，透過這些言論都可以得到答案。我們可以想像，他已經意識到那麼大的一個國家，事事要靠國君來管，根本是不可能的，就是有那麼多的官員，也不行。必須充分發揮家庭的作用，讓家庭不僅作爲一個社會生產的單位，而且成爲一個社會的治理單位，把那些不利於社會安定的因素，首先在家庭這一層過濾掉。一家一家都按照商鞅的設計建設合格後，整個國家就不愁不安定了。

官吏要精簡

自從有了國家以來，即有設官制度，而且，總體趨勢是官員的人數越來越多。官多，就必定會加重人民的負擔。不僅如此，官多，還更容易產生官僚主義。所以，對官的人數必須加以限制。

中國古時歷朝歷代，差不多都搞過一些精簡政府機構和官員人數的改革，像東漢初年光武帝劉秀時，就曾精簡了四百多個縣一級的單位，也裁掉了許多官員，可以說是歷史上「精兵簡政」比較成功的一例。但兩千多年間存在著更多機構臃腫、官員太多的嚴重問題，有的時期有「九羊十牧」之說，有的朝代形成難以解決的「冗官」「冗政」痼疾。

商鞅在兩千三百多年前就看到了這個問題的嚴重性，並且把它提了出來，他說「亂國，恃多官衆吏」，把靠「多官衆吏」來維持統治看成是亂國之象，確是很高明的見解。其實，國家、政府的行政效率，一般都是與官吏人數成反比的，官越多，事越不好辦，問題解決起來也越複雜、越慢。這已爲歷史與現實所充分證明。

商鞅也提出了使「官屬少」這樣一個要求，官吏人數要少，要精。一般來說，少也就易精，官多了，就是個個都能幹，整體效應也不會好。

從歷史上來看，任何一個政權，在其初建時期，一般都是比較精簡的，機構和官員人數都比較少，但往往是越到後來，機構越膨脹，官員隊伍越龐大，以至於無法可想，只好衆多的人擠在一條破船上，直到船沉沒爲止。所以任何一個政權要使自己具有生命力，必須解決好簡政精員問題。

嚴密的户籍管理

商鞅要求實行嚴密的人口管理，並在這方面採取了一些措施。

其中一條，是「舉民衆口數，生者著，死者削」，也就是說，加強對民衆人口數量變動情況的掌握，每一個活著的人都要登記在籍，而死去的人則要及時註銷。

人口數量，是一個國家十分重要的數據，在古代，它是國家徵收賦稅和徵發兵役、徭役（實際上，古時兵役曾是包括在徭役之中的，這裡是從後來的習慣把兩者分開）的重要依據，又是國家和豪強勢力爭奪控制、剝削、奴役對象的重要內容。只有國家政權把絕大部分人口控制在自己手中，它才能有堅實的經濟基礎，才能有豐厚的人力資源，才能從事征伐，才有國力可言。所以，中國歷史上的強盛朝代，都在中央集權的前提下，掌握了大量人口，又依靠這大量人口，獲致豐富的財稅和兵員。

商鞅是歷史上很早就對人口進行登記、統計的重要思想家。他曾說要讓「民不逃粟」，即使民衆無法逃避賦稅，可以說是商鞅重視人口管理的主要動機。

還有一條，就是「使民無得擅徒」，用各種措施嚴格限制人口的流動，這樣做的目的，既有從政治上考慮的，也有「令民必農」的經濟動因。這項政策在中國一直沿用不替，產生了深遠的影響。

思想的矛盾和辯證法

說法多矛盾

人的思想是矛盾的，就是思想家也不能例外。思想上的矛盾基本上有兩種情況，一是自身的言論不能自圓，互相牴觸；二是思想中存在著辯證法。辯證法也是矛盾論，辯證法揭示矛盾，充分肯定矛盾，而不是迴避矛盾，抹煞矛盾。

《商君書》的言論和思想是有不少矛盾的，這和該書的成書過程和特點有關，這裡就不詳述了。而我們可以比較肯定地說是屬於商鞅的思想，不過也有許多矛盾，這有的好解釋，有的還不那麼好解釋。

例如，關於所謂「奸民」，就有不同的說法。在一些地方極端仇視「奸民」，「欲令奸民無樸」（即使奸民沒有依靠），而在別一場合，又把「善民」與「奸民」相提並論，並說：「國以善民治奸民者，必亂至削；國以奸民治善民者，必治至強。」到底「奸民」何指，治國是靠他們還是必去他們，顯然存在著混亂與矛盾。

一邊說「法者所以愛民也」，一邊又說以法制民、以法勝民，這也不能說沒有矛盾。

對於賢能之士，到底是何種態度、何種政策？一邊是說，「遺賢去智，治之數也」，主張不要賢能，但一邊又說「任賢舉能」。如果說治國不用賢能，顯然並不符合商鞅的政治思想和用人思想，他明明是說過「明主在上，所舉必賢，則法可在賢」，但是「遺賢去智」，卻也並非完全不像商鞅的口吻。《老子》說「不尚賢」，《墨子》說「尚賢」，而《商君書》卻是如此矛盾。

所以，讀《商君書》要小心，由於多數篇章是由言論片斷編綴而成，所以顯得凌亂而體不嚴整，此處一說與彼處一說，或有齟齬。

辯證法思想

但也不可否認，商鞅亦提出和表述了不少辯證法思想。

「治世不一道」，是重發展，重變化，與西漢董仲舒提出的「天不變，道亦不變」相比，優劣自明。

「以刑去刑」，「以戰去戰」，都是發人深省的辯證法命題。

還有許多談矛盾雙方轉化的話，也是富於辯證法精神的。

就說貧與富吧。商鞅說「治國能令貧者富，富者貧」，這就是說法理有方的國家能運用政策調節等方法來改變社會財富的佔有狀況。從社會發展史來看，這種變動是始終不停地進行著的，而像中國這樣結構的社會，尤爲明顯。當然，社會財富的重新分配，有著各種各樣的原因，但其中蘊含的歷史辯證法，卻是永遠在起著作用的。

再看國家強弱的轉化，商鞅也曾多次談到。這有兩類情況：一是同一個國家，會從強轉弱，也會從弱轉強；二是不同的國家，強弱對比也在變化著，強者並非永遠是強者，弱者也可能轉變成強者。在戰國時期，最早的強國是魏國，後來衰弱下去了，原來不是頂強大的秦國，卻變成了最強大的。在世界歷史上，也不乏這樣的例子。

還有一些表述，如「治大，國小；治小，國大」等等，與《老子》一書中的辯證法思想一樣，深刻雋永，值得反覆體會。

商鞅是實踐型、功利型的思想家

商鞅注重實踐

從我們今天能看到的商鞅言論而言，他的思想是緊緊結合他的政治實踐的，特別是在秦國所從事的改革實踐。可以說，他是一位特別注重實踐的思想家。

商鞅講過的，多數也是他做過的，他不是那種崇尚空談的人，他做什麼說什麼，說什麼做什麼。

東漢王充說：「商鞅相秦，致功於霸，作耕戰之書。」這也就是說，商鞅的思想和著作，是圍繞著謀霸業這一基本主題進行的，是他政治實踐的總結和記錄。

他的思想是深刻的，但又很簡略，他的一些見解是十分精闢的，但沒有純務虛的理論色彩。要說他有理論，那就是結合實際的理論。

實際上，要不是他的改革事業的實踐，他的思想也許早已爲人們忘卻了，他的思想的價值，也是和他的改革事業一起爲人們所重視的。

往往從事實踐的人，不很重視對思想的概括，因而隨著人去事息，許多寶貴的思想和經驗也就沒有留下任何痕跡，這是十分可惜的。如果當年商鞅只管做，不動筆，或者他的追隨者也是這樣，那我們或許根本無從了解商鞅其人和他的思想、事業了。所以不論從事何種工作，都有必要常動腦、動筆，把應當寫的寫下來，留下一份記錄給自己，留下一份財富給後人。

商鞅思想全在功利

中國古代有不少思想家，但很少像商鞅那樣熱衷功利的；商鞅的思想，焦點就在如何實現他的功利目的上。

當然，功利有各種各樣的。有個人的也有爲國家的。商鞅爲個人，也爲國家，他的一生是有明確功利目的的一生。

爲個人，他要實現他人生的價值，他要在秦國開創一番事業，青史留名，永垂不朽。

為國家，他要使秦國富強起來，和東方六強相比，毫不遜色，而且要壓倒它們，稱霸於世，獨一無二。

功利思想，優缺點並存。

老莊思想否定個人功利，最好不要仕進，不要當官，不要發奮，安貧樂道，聽天由命，順勢而為，無可無不可。所以當楚威王派人帶著厚禮去請莊子出來做官，並答應給他以最高職務的待遇時，他笑著說：「唔，千金，算得上重利，卿相，也確是高位。但您難道就沒看見那用來祭祀的牛嗎？厚養了數年，五彩披掛，送進宗廟。到了這時候想逃也逃不了啦！」

話是這樣說的，但要是人人都這樣，都沒有功名心、進取心，都隱居山野，寧可過貧窮的生活，與世無爭，人類社會又會是什麼景象？從古至今，大概只有思想家中如老莊一族是鄙夷功利的，政治家、軍事家、文學家、科學家和社會活動家，大概都不會沒有功利目的的。

但為個人的功利心太重，也是有害的。且不要說是貪圖利益，常常會為利而亡，就是爲功爲名，熱中於出人頭地，也會付出太多的代價。

人類社會需要個人的積極性、進取心和奮鬥精神，但又要克服其不容忽視的負面效應。個人如何，這可又是人生的一個大問題，有人成功，是因爲功利主義，有人失敗，也是因爲功利主義。有人主張提倡爲社會、爲大衆的功利主義，這是對的，但個人與社會、與他人的矛盾，總是客觀存在的，一個人能否對社會有貢獻，與他人相和諧，主要還是靠自己的善處。

軍事家商鞅

商鞅也是軍事家

常動干戈的戰國時代

商鞅生活於戰國時期。戰國，就是當時中國境內各強大諸侯國常動干戈、經常打仗的時代。東漢人王充曾對這一時代描繪道：「諸侯相伐，兵革滿道。國有相攻之怒，將有相勝之志，夫有相殺之氣。」

一般以周元王元年（公元前四七五年）爲戰國之始，而戰國時代的結束是在秦始皇統一中國的公元前二二一年。

早在戰國時期，就已有了「戰國」的說法，但其時「戰國」只是用於指當時捲入連年戰爭的各強國而言。如「今取古之爲萬國者，分以爲戰國七」、「山東戰國有六」等語中的「戰國」，都是指這個意思。西漢時人，還常從這個意義上來用「戰國」一詞，如漢武帝時的嚴安說「元元黎民，得免於戰國」即說廣大民衆，從各強國爭戰不已的痛苦中解脫出來。到了西漢劉向（約公元前七七～前六年）編定《戰國策》一書時，才最終把「戰國」的意義確定爲一個時代。

戰國時期，到底打了多少場仗，實在是難以作精確的統計，有人粗略算了一下，規模比較大的戰爭，至少也有幾百次之多。

戰國時期的戰爭，比起春秋時期來，具有顯著的特點。

首先，戰爭規模擴大，一些大的戰爭更是規模空前，作戰雙方投入的兵力，多者可達百餘萬人，一次戰爭的時間，也可延長到數月甚至數年。春秋末戰國初，提到用兵數量時，還是「帶甲十萬」、「興師十萬」這麼一個級別，可到戰國中後期就不同了，公元前二六〇年的長平之戰，秦軍俘虜趙軍四十多萬，可見這次戰爭規模之大。公元前二五一年，當時燕國不算是最強大的國家，可它攻趙所動用的軍隊，也達六十萬之衆。從戰爭中作戰人員的大增，也可推知各國常備軍人數的增加和臨戰全國性動員的有效。

其次，戰爭的物質條件發生重大變化，一是武器的變化，在青銅兵器仍未完全退出戰場的情況下，鐵兵器的使用日益廣泛。除了手持兵器外，還出現了遠射程的弩、各種攻城器具和適用於舟戰的特長兵器。在出現這些變化的情況下，戰爭也就變得更加殘酷，殺傷力更強，決定勝負的因素也變得更多。

再次，作戰方式有了很大的變化，主要從原來的比較單一的車陣戰式發展爲步騎兵配合的野戰方式，騎兵有了很大發展，在戰爭中的作用大大加強。與此同時，各國也都十分注重防禦，大都修築了長城和關塞。

還有，戰爭的內涵和外延有了重大發展，戰場上的正面交鋒已不是戰爭的全部內容，政治攻勢、外交活動、間諜的使用，都成爲戰爭中的不同戰場，而交戰各國在經濟、政治、技術、人心相背、用兵藝術等各個方面，都進行著較量。

軍事家燦若群星

戰爭是培養軍事家的學校。在一個戰爭不斷的時代，軍事家也就少不了。

吳起是位軍事家。他早年棄儒學兵，後在魯國小試鋒芒，大破齊軍。到了魏國後，他積極進行軍事制度的改革，大大提高了魏軍的戰鬥力，他在任魏國西河郡守期間，就與諸侯大戰七十六次，其中全勝六十四次，爲魏拓地闢土，使之一時成爲不可戰勝的國家。他著有《吳子兵法》（或稱《吳子》），在戰國時期，這是和《孫子兵法》齊名的書。《吳子兵法》原有四十八篇，而現存僅六篇。

孫臏是位軍事家。他是春秋時期大軍事家孫武（亦稱孫子）的後人，他與龐涓一起學習軍事，後又同在魏國任職，但卻受到龐涓的陷害，成了重殘，逃到齊國。他指揮了齊國圍魏救趙的戰役，在桂陵（今河南長垣西）大敗魏軍。後來又在馬陵（今河北大名東南）之戰中再勝魏軍，俘獲龐涓。孫臏也著有兵法，曾失傳兩千多年，直到一九六七年，在發掘山東臨沂銀雀山漢墓時，因爲寫有《孫臏兵法》的竹簡出土，才使這部寶貴的軍事著作重見天日。

樂毅也是一位軍事家。他是趙國人，但在燕昭王求賢精神的感召下，至燕國效力。他爲燕國籌謀了攻齊的戰略，並親自領兵伐齊。在他所率燕軍的凌厲攻勢下，齊國連戰連敗，最後只剩下兩座孤城。若不是燕昭王聽信讒言，解除樂毅的職務，燕軍滅齊，指日可待。

還有那位「胡服騎射」的趙武靈王，他力排衆議，向北方游牧民族學習長處，穿便於作戰的短衣，大力發展騎兵以之代替過時的車戰，使趙國的軍事力量大增，五戰而滅中山國，爲趙國後來成爲軍事強國奠定了基礎。此後趙國又有廉頗、趙奢、李牧，名將輩出，戰果輝煌。

越戰越猛的秦國有白起、蒙恬、王翦等名將。白起攻楚而破郢都（在今湖北荆沙），使楚國一蹶不振；攻趙大勝於長平，幾乎令趙軍全軍覆沒，秦昭王稱讚他用兵「取勝若神」。蒙恬出身將門，在秦軍伐楚伐齊的戰爭中他發揮了重要作用。王翦少而好兵，秦王嬴政親政後，他成爲秦國的主要將領。司馬遷說：「秦始皇二十六年，盡併天下，王氏、蒙氏功爲大。」

兵家

軍事家既多，又在當時起著非常重要的作用，於是就有兵家，自成一個獨立學派。春秋時的大軍事家孫武說：「兵者，國之大事，死生之地，存亡之道，不可不察也。」（戰爭是國家的大事，關係到軍民的生死，國家的存亡，是不可以不認眞地研究的。）兵家，就是研究軍事學的一個學派。《漢書・藝文誌》又把兵家細分爲權謀、形勢、陰陽、技巧等門，共著錄了五十三家，這個數目已很可觀了，而西漢初年張良、韓信整理兵書時，所得是一百八十二家，可見春秋戰國時期，兵家之盛。可惜的是，其中大多數已經亡佚，不復見其原貌。

戰爭，不能不講兵法，其實，戰爭的學問大得很，絕不只是戰時用兵問題，還包括許多方面。所以，兵家，既是一個學派，也是那時的綜合性學科，基本上相當於軍事學。軍事學中又充滿了辯證法，故又是那時的哲學思想寶庫。軍事思想，特別是軍事辯證法，是先秦思想家留給我們最寶貴的財富之一。

就說兵家中的「權謀」吧，按照《漢書·藝文誌》的說法，「權謀者，以正守國，以奇用兵，先計而後戰，兼形勢，包陰陽，用技巧者也。」看來，所謂「權謀」，主要是戰略、戰術的掌握和應用，目的在於用謀克敵，以奇制勝，這中間的學問，可是大得很的。要指揮打仗，對這套學問不研究透徹，就不可能穩操勝券。

戰國時期的著名思想家，很少沒有談及戰爭和軍事的，特別是《墨子》、《荀子》、《韓非子》和《呂氏春秋》這幾部名著中，尤多涉及用兵之道，雖然一般不把他們列入「兵家」，但他們絕不是這一方面的外行。

商鞅和軍事

商鞅是政治家、思想家，也是一位軍事家，這是一般人不甚了解的。他晉陞到大良造的要職，不僅是秦國的最高文官，而且實際上是秦軍的最高總司令。《漢書·藝文誌》明明寫著「兵家，權謀，公孫鞅二十七篇」，這說明，商鞅不僅有政治方面的著作，而且還有軍事著作。二十七篇，篇幅也相當可觀了，只是，十分可惜，他的談論兵法、權謀的這些著作沒有流傳下來，以至我們今天連一個字都無法見到了。

或許有一天，也會在一處古墓中找到久已絕版的商鞅兵法著作，那時我們談論起商鞅的軍事思想來，就會有更多的內容了。也許，他的談戰爭，談用兵的眞知灼見，足以使我們這些生活在兩千多年之後的人嘆爲觀止的呢！

幸而我們還有《商君書》。《商君書》中，《戰法》、《立本》、《兵守》等篇有著豐富的軍事思想，使我們還可以大體上了解商鞅軍事思想的概貌。

商鞅既有軍事理論，又有軍事實踐，在戰國時期軍事家中，本來是應該佔據重要地位的，但是由於他的軍事著作大多失傳，更由於他作爲政治家的作用和影響遠遠超過了他在軍事方面的業績，所以他的軍事家的光彩顯得過於黯淡了。

《漢書·刑法誌》中說：「吳有孫武，齊有孫臏，魏有吳起，秦有商鞅，皆擒將立勝，垂著篇籍。」這就等於說，商鞅是一位有資格與孫武等相提並論的軍事家。對此，後人並無疑議。

全面地了解商鞅，我們應當知道，他除了是一位政治家、改革家、思想家以外，還是一位傑出的軍事家，不要忽視了這後一點。

商鞅軍事理論的基礎

論政治和戰爭的關係

商鞅在他的言論中，已經接觸到政治和戰爭的關係問題。他提出，「政久持勝術者，必強至王」，意思是說，把國家搞好，在政治上長久地具備勝利條件的，必然會在戰爭中取得勝利，有稱王的資格。

他又說，「凡戰法必本於政勝」，這就是說，打仗的取勝之法，在於政治上要具備勝利的條件，如果要和敵人較量，那就首先要估計敵我雙方的力量對比，如果在政治方面不如敵人，那就不要和敵人交戰。如果一方在政治上有遠見，大局上佔優勢，那麼，不論將領是否得力，都能取得勝利。他還談到「若兵未起則錯（同『措』）法」，也就是說在戰爭開始之前，先要把依法治國的事安排好。當然，他所說的「政」其實是「法」的同義語。在商鞅看來。政治，就是「緣法而治」之謂也。

在談到戰爭的準備和取勝條件時，商鞅提出了「錯法，俗成，用具」的三項要點：「若兵未起則錯法，錯法而俗成，而用具。此三者必行於境內，而後兵可出也。」在商鞅看來，只有做好這幾項工作，才具備出戰和取勝的條件。所謂「錯法」，就是在國內建立起法制政治，在政治上理順關係，所謂「俗成」，則是指統一思想和行動，激勵士氣，而「用具」則是指物質、技術方面的準備。

這裡，商鞅所談的「錯法」、「俗成」都是指政治方面的事情，也是進行戰爭的基本政治條件。由此可見，他對政治與戰爭的關係是十分重視的，認識也是比較正確的。

商鞅重視將領在戰爭中的作用，但他又指出，將領固然重要，政出廟算比將領更爲重要。當然，這裡也包括國家在政治方面的各項舉措。

兩千多年前，商鞅就不是一個持「單純軍事觀點」的軍事家了，這是他的高明所在。

重視國力、經濟實力

商鞅提出，用兵要量力。量力，就是注意敵我力量對比，量力，就會得出一個認識，提出一個任務：平時要努力積蓄力量，戰時才能以強大旳實力投入戰爭。

商鞅並沒有孤立地看軍事和戰爭，他深知國力和經濟實力是戰爭的基礎，富國是強兵的根本，一個國家，不把經濟力提升，沒有經濟上的強大，是不可能具有強大的軍事實力的。

他幾乎時時處處把「農」和「戰」並提，他總是強調，要使秦國達到「兵革大強」的目的，最主要的事是增強經濟實力——在當時首先就是把農業搞好。「國待農戰而富，主待農戰而尊」，這就是他處理經濟發展和戰爭關係問題的基本思路；「兵出，糧給而財有餘」，是他憧憬的臨戰狀態。

實際上，商鞅在秦國重農，就是從增強秦國軍事實力的角度考慮的。他之所以那樣強調農業的重要性，目的就在於以農養軍，以農強軍。

任何時候，軍事都是以經濟爲基礎的，雖然決定戰爭勝負的原因很多，但要在戰爭中取勝，必須要有一定的物質基礎。商鞅看到了這一點，也從這一點著手，重農富國，以提高秦國的經濟實力，終於使秦國具備了強大的國力，可以和東方六國決一雌雄。因此，他確實是一位站得高，看得遠的軍事家。

全民總動員

商鞅非常強調戰爭的全民總動員，因爲商鞅也非常清楚，戰爭要依靠人民，戰爭勝利的根源在於人民。

商鞅說：「聖王見王之致於兵也，故舉國而責之於兵，」因爲聖明的帝王注意到稱王於天下的大業只能透過戰爭來建立，所以要求全國人民都武裝起來。他思想和期望，就是秦國人人都是戰士，個個都能打仗，全民皆兵，隨時能戰。

在《商君書·兵守》中，他談到戰時的全民動員方案，主張把全體民衆編爲三軍。壯男爲一軍，壯女爲一軍，老弱者爲一軍。這就是說戰爭打起來，不分男女老少，都是作戰力量，都要承擔戰鬥任務。商鞅是主張藏兵於民的，平時是民，戰時是兵，不管男女老少，可以都是民，也可以都是兵。這樣，既可以減少常備軍的數量，減少政府、人民養兵的經費，又可以充分發揮人民在戰爭中的作用。

商鞅的基本思想是「民能入農出戰」，這實質上是全民皆兵的思想。同一個農民，平時耕作，有軍情時出征，出則能戰，戰罷歸田，照樣務農。雖然秦國也是有常備軍的，但有大的戰事，所徵集的幾十上百萬軍隊，主要還是靠這種亦兵亦農的農民。

這種做法爲後世中國多數朝代所遵循，最典型的就是在隋、唐兩代所實行的府兵制，府兵制興起於北朝的西魏、北周，但在隋、唐有很大的變革，府兵平時基本上不脫離生產勞動，只是在農閑時進行訓練，按計劃輪流戍邊，或到京師值勤，如有戰事，才有大規模的徵發。

重視戰爭過程中個體的作用

商鞅說：「民勇者，戰勝，民不勇者，戰敗。」可見，他非常強調個體在戰爭中的作用。在我們所見的商鞅談戰爭兵法的言論中，屢見他觸及這個問題。如何使民在戰爭中奮不顧身，勇不可擋？商鞅的辦法運用賞、罰手段，是「壹民於戰」的政策，即讓人民都被戰爭所吸引，而且只有通過戰爭才能獲得自己所需要的東西。

在這個問題上商鞅所爲並非完全正確。對的是戰爭中人的因素是最重要的，任何戰爭，包括在現代化武器裝備條件下進行的戰爭，還是要靠人的優勢取勝。人的思想水準，人的總體素質，最終決定著戰爭的結局。商鞅更加重視人的勇敢，這並不奇怪，一方面是因爲那時作戰基本上是直接靠人的搏鬥，再一方面也與商鞅只希望普通戰士只具備體力和勇氣有關。但是，也應該看到，商鞅強調單個戰士的作用，也顯得過分了些，因爲任何戰爭的勝負，都有很多因素，光靠戰士的勇敢還是不能戰勝敵人的。

商鞅要求士兵在戰鬥中頑強拚搏，奮勇殺敵，要求軍人「出死而爲上用也」。「怯民勇，勇民死」，在軍隊中，根本不允許懦夫、逃兵的存在。

相比之下，商鞅對於戰爭中將領的作用，看得比較正確一些，他認爲，如果軍事力量和敵人相仿，那麼，將領就至關重要了，「將賢則勝，將不如則敗」，如果一方在政治上勝過敵方，那麼，「將賢亦勝，將不如亦勝」，因爲在這種情況下，將領的作用相對縮小了。他的這種觀點，較之孫武等過分強調將領對戰爭勝負的作用，又顯得進步一些。

戰國時期，東方六國對秦有一個可怕的「說法」，那就是「虎狼之國」，這既可以指秦國秦軍的整體，強盛壯大，所向無敵，也可以作另一理解，那就是秦軍將士個個都是虎狼之姿，兇猛無比，他們打起仗來根本不怕死，如同不要命一般。

重視激勵機制

人是肉與靈的結合，人，既要有物質輸入，以維持生命，增強體質和體力，也要透過內在的和外加的各種方式，豎立精神支柱，增強心質和心力。投入戰爭的人，特別是直接參戰的人員，精神狀態如何，對戰爭勝負起著很大的作用。

商鞅還不可能談到軍隊的政治工作，他更加注重和強調的是對將士的激勵機制。他把軍隊看作一個競爭的場所，使民盡力競功的場所。

商鞅談激勵方式的言論較多。他說「賞由於兵」，他在秦國實行獎賞，主要是以將士爲對象的。他認爲「行賞而兵強者，爵祿之謂也。」透過獎賞，提高部隊的戰鬥力，是獎賞的目的，而他所設計的一整套軍功爵制度，就是以「功立賞隨」爲原則的。

他說：「行賞賦祿，不稱其功，則戰士不用。」這就是說，國君和政府在實行獎賞上面要捨得財物，該賞多少就賞多少，所賞要與將士的戰功相稱，千萬不要吝嗇，造成功大賞輕。

在他看來，「勇民使於賞，則死」，「民見戰賞之多則忘死」，多獎財物，甚至可以使將士捨生忘死，不惜生命。

當然，獎勵的標準要盡量統一，否則會引起不滿，反而使厚賞帶來副作用，只有「壹賞」即標準統一，才能使之充分發揮激勵作用，「壹賞則爵尊，爵尊則賞能利矣。」

通過厚賞鼓勵軍功，「功立而富貴隨之」。無論是誰，立了軍功就可以得賞，功越大越多，所以獎賞也就越可觀。

厚賞的內容是什麼呢？

古時把頭顱叫「首級」。能得敵人的首級一顆，就賞給爵位一級，田地一頃，宅地九畝，除庶子一人（賞賜家內依附人口一名）。立功人員還獲得在軍隊或政府任職的資格。此外，如果遇到打官司，還可以得到優待。有功人員有了爵位，甚至死後，墓前所植樹木的數量也依等級而區別。

透過激勵機制，使民衆的慾火燃燒起來，並透過一系列政策讓他們無法「避農戰」，「欲戰」而又不得不戰，由此而達到「舉國樂戰」與每一個人都能「出死而爲上用」的目的。

善於用天下之財物獎賞有功之士，「明賞不費」，這樣做是絕對划得來的。商鞅果然會精打細算。

兵法理論

用兵要慎重

興兵作戰不是一件簡單的事情，它涉及到許多方面，牽一髮而動全身，必須慎之又慎。《孫子兵法》是特別強調這一點的。商鞅也說到「兵大律在謹」，也是充分意識到用兵必須慎重。

慎重，其實就是正確估計形勢，進行敵我力量的對比分析，作出是否有條件進行戰爭的判斷。商鞅所說的「兵起程敵」即這個意思。縱觀歷史，由於不慎而進行的戰爭何其多也。究其原因，最主要的，就是在於對形勢、對敵我力量，作出了錯誤的估計，因而採取了錯誤的行動，以至於失敗甚至慘敗。

赤壁之戰是歷史上最著名的戰爭之一。這場戰爭是曹操發動的，當時他大致上已經統一了北方，便認爲南下進一步統一全中國的條件已經成熟。結果曹操失敗了，敗得很慘。原因主要是因爲曹操對敵我力量對比的分析過高地估計了自己。當時曹方雖有兵力上的優勢（號稱八十三萬，實際並沒有那麼多），但集結到長江沿線後，沒有進行休整和適應，倉促投入，曹軍絕大部分是北方人，水土不服，易患疾病，又不習水戰，這種種重要因素，使得曹軍的數量優勢打一個很大的折扣。

另一個例子，是東晉十六國時期的淝水之戰，這場戰爭是當時佔據北方的氐族統治者苻堅發動的。苻堅所建立的前秦政權一度統一了中國北方，南方則在漢族政權東晉的統治之下。苻堅認爲消滅東晉的條件已經成熟，於公元三八三年揮師南下。他所調集的軍隊號稱有百萬之衆，憑藉這樣一支武裝力量，他對戰勝的信心十足，甚至有斷鞭足以截江的狂言。戰爭的結果呢？苻堅失敗了，失敗得比曹操還慘。原因何在？同是他只看到自己軍隊的優點和優勢，並且作了過高的估計，頭腦發熱地加以誇大了。拿兵力對比來說，東晉是遠不如前秦，但仔細分析一下，前秦方面，它投入前線決戰的軍隊是臨時拼湊而成的，方從四方集結，根本沒有做好作戰的準備。當然，前秦方面還有一個致命的弱點，那就是內部不統一，人心不齊。

用兵打仗，不是一件簡單的事，必須做好準備，在準備分析敵我力量對比的情況下，選擇適當時機，不打無準備之仗，不打無把握之仗，多思而行，慎之又慎，這樣，才有可能立於不敗之地。時機尚不成熟，寧肯再等待，並努力創造條件，且莫要急於求成，一失足成千古恨啊！

不打無準備之仗

商鞅強調要打有準備之仗，不打無準備之仗。

戰爭就像進行一項大的工程，沒有充分的準備，仗就沒法打。就處於防御的、後發制人的這一方而言，更要有準備在先，否則就會在戰爭被強加在自己身上時，措手不及，遭受重大的損失。

自古以來，人們總是說「有備無患」。談到訓練，就說「養兵千日，用兵一時」。談到後勤供給，就說「兵馬未動，糧草先行」。這都是說要重視戰備，不僅要備，而且要常備不懈，只要世上還有敵人，還有現實的或潛在的軍事威脅，任何國家都不能放鬆警惕。

關於戰爭的準備，商鞅的一個重要見解是「兵起程敵」，就是說，進行戰爭要很好地了解敵人，注意研究敵我雙方力量的對比。這和孫子的名言「知己知彼，百戰不殆」，意思是相同的。

兵起程敵，就是多多了解敵人的情況，對敵方的力量和態勢進行分析和估計。也只有這樣才能進行戰爭的準備工作。因爲所謂的「準備」，是要在了解敵我雙方情況的基礎上來進行的。商鞅指出，如果我方的政治狀況不如敵方，就不要與之作戰，我方的糧食儲備不如敵方，也不要接戰，敵方若在人數上佔優勢，我方就不要主動進攻，只有當敵人確實處於劣勢的情況下，才應當出擊。這就是說，不打無把握之仗，要打，就要在力量對比有利於我方的情況下開戰。

當然，作戰準備是多方面的，就不同的戰爭，不同的軍事集團而言，各不相同，但戰爭能否取勝，在很大程度上取決於準備是否充分，這是毫無疑問的。

勝不驕，敗不怨

人都希望勝利，不希望失敗。勝利可喜可賀，失敗令人沮喪。但勝利和失敗，並不是不能轉化的，勝利者和失敗者之間的角色轉換，在世界軍事史上，例子眞是不勝枚舉。

商鞅說了一句頗具深意的話：「敗而不怨者，知所識也。」「敗而不怨」，就是說遭到了暫時的失敗，不要光是怨天尤人，這樣就能從失敗中找到原因。這句話，和列寧說過的「失敗的軍隊善於學習」的意思很相似。

世界上不存在眞正的所謂「常勝將」（中文「常勝將軍」的意思實爲「不敗的將軍」），世界上也沒有從未遭受過挫折的軍隊。關鍵在於怎樣對待失敗和挫折。如果能從失敗中正確地總結經驗，吸取教訓，這樣的軍隊就有可能反敗爲勝。

勝兵可能會由於驕傲而成爲敗兵，因爲勝利使人陶醉，驕傲使人麻痹輕敵。

敗兵則必須認眞總結經驗，找出爲何失敗的原因，才能轉敗爲勝。兵家無常勝，亦無常敗，勝可敗，敗亦可勝，全在於如何正確對待勝負。歷史上因勝而敗的軍隊有之，因敗而勝的軍隊也有之，這方面的經驗極爲豐富，今天的「兵家」，不可不知。

不追窮寇

商鞅在戰術方面談得不多。他曾說到過「見敵如潰，潰而不止，則免」，這就是說，不要去追擊已經潰逃的敵寇。見敵人潰逃，一退而不可止，那就不要再去追擊，這時要提防敵人有伏兵，或有其他詭詐，或者是鋌而走險，所以要特別小心。他還引用兵法原則：「大戰勝，逐北無過十里。小戰勝，逐北無過五里。」對此作了進一步的說明。總的說來，從商鞅談戰術中十分有限的言論來看，他在用兵方面是比較傾向於持重、穩健的。他還說過「無敵深入（指輕敵而深入敵後）」是用兵的過失，因爲這是冒險行動，不應提倡。這也表現了他的穩重。「不追窮寇」，就是他的一個戰術思想。

在《孫子兵法》中就有「不追窮寇」思想，《孫子兵法·軍事篇》中提到「窮寇勿迫」。爲什麼呢？這是因爲怕把敵人逼急了，促使敵人鋌而走險，也就是俗話所說的「狗急跳牆」。這話也不能說不無道理，但畢竟在用兵之道中顯得消極了點。

當然也有相反的見解，《淮南子·兵略訓》認爲「故善用兵者，見敵之虛，乘而勿假也，追而勿捨也，迫而勿去也。」這就主張對窮寇緊追不放。

戰有法而無定法，任何兵法都要根據實際情況靈活應用，決不可死搬硬套，也不可死記條條而不知變通，從這個意義上說，追窮寇也對，不追窮寇也對，全看具體情況如何而定。一般說來，只要條件許可，還是要記住除草務盡，勿使復生的道理，力求把敵人消滅乾淨。

軍隊管理思想

商鞅十分重視軍隊的管理，特別是有關制度的建立和健全，他說：「凡兵，制必先定。」雖然他的軍隊管理思想已難以盡知，但從《商君書》中略還可以看出一些來。

分編三軍

商鞅主張在守城之戰中進行充分的動員，把一切可以行動的人都組織起來，編制爲三軍：壯年男子爲一軍，壯年女子爲一軍，而男女當中的老弱者編成一軍。擔當主戰任務的自然是壯年男子爲一軍，他們備足糧食，收拾好兵器，始終保持高度警戒狀態，隨時準備和敵人決戰。壯女呢，也是備足糧食，帶好守城用的土籠，隨時準備待令行動。而年老體弱的那一軍，主要是放牧牲口，供應壯年男女的伙食。

女子作爲戰鬥人員，在春秋戰國時代並不罕見，這主要是因爲當時人口較少，而戰爭頻繁，爲了增強戰鬥力，就有必要這樣做，更何況，古時的女子也不是像後來的粉娃那樣嬌嫩。按某些古人看來，把女子都加以動員或徵發，是暴政的表現，像儒家，對此是予以譴責的。但換一個角度來看，這正是戰爭組織者的一個高明辦法，因爲這樣可以克服人力和兵員不足的矛盾，把婦女參戰的積極性也發揮出來。

中國古代女子參戰的事例不少，隋末李淵起兵時，他的女兒平陽公主就組織了一支娘子軍，後來發展到七萬人，在歷史上一直傳爲佳話。再早些，東晉時期，北方的前秦軍隊南下，襄陽城（在今湖北襄樊）告急，守將朱序的母親韓氏率城中婦女加固城牆，嚴密防守，終於擊退敵兵，此城也就有了「夫人城」的美稱。不過，說來這還不是中國最早的夫人城，《漢書》上記載有「范夫人城」，此城是防御匈奴的漢將所築，將亡後，其夫人率衆堅守而使城得以保住，因此獲名。

「愼使三軍無相過」

提出分編三軍的想法後，商鞅又出一計：「愼使三軍無相過」。三軍各管各的，互相不能來往。

爲什麼呢？商鞅認爲，如果三軍互相來往，就會出亂子，影響軍隊的紀律和戰鬥力。他說：要是讓壯男到壯女那邊去，男子就會喜歡上女子，就會發生淫亂之事，男男女女，都不再想打仗，連勇敢的人也會怕死了。而如果讓壯男壯女到老弱那支隊伍中去，老年人會引起壯年人的悲傷，體弱者會使強壯的人心生憐憫，這種種情況都會使戰士們失去勇敢精神。

商鞅思考問題常是這樣單向思維，這是他思考方式的嚴重缺陷。他的理由不能說全無道理，但實際上也完全可能出現相反的情況。試想一下，壯男壯女在一起，不一定只會出現商鞅所擔心的糟糕問題，也可以互相激勵鬥志，起提高士氣的積極作用。特別是壯男，受到異性的鼓勵，會大大增強榮譽感，在戰鬥中會更加勇敢，這難道就不可能嗎？壯男壯女和老弱相處，老弱因戰爭而受苦受難的處境會加深他們對敵寇的仇恨，從而增強他們殺敵的決心。

商鞅只想到壞的可能性，而想不到好的可能性，這或許可以從司馬遷所說的他「天資刻薄」這方面去找原因。無論如何，法家的思想是最缺乏人情味的，他們的思維也是鐵是鋼所鑄，他們無論在什麼事情上總是把人想像得最壞，而又想把人的潛力發揮得最爲充分。他們只會想到對人的利用，對人的防範，他們是人，但他們總是在算計著人。

不知道商鞅的「愼使三軍無相過」的方案實行得如何，如果眞是那樣的話，那可眞是世界上最單調的軍隊，最單調的戰爭。這樣的軍隊，能否有持久的戰鬥力，也是很值得懷疑的。

加強紀律，令行禁止

商鞅十分重視軍隊的紀律。他提出法必明，令必行的原則。

賞罰分明，也是商鞅治軍思想中非常強調的。

在賞的一面，前面已經談到了，當然，他不光是賞，也用罰的手段來加強軍紀，來提高部隊的戰鬥力。用兵之道，務在壹賞，所謂「壹賞」就是統一獎賞的標準，無差別待遇，這對軍人來說，激勵作用是非常明顯的。

在商鞅的思想、著作中，賞與罰，經常是聯在一起談的；賞和罰，是他不可分的兩手，交替使用，各盡其妙。

商鞅的設想，是透過嚴明的紀律、顯著的賞罰，使「三軍之士，止之如斬足，行之如流水」，「三軍之士，無敢犯禁者」。可見，他對軍隊的紀律和行動一致要求非常之高。他又說，「從而三軍之衆，從令如流，死而不旋踵」，這就是說，嚴明的軍紀，萬衆如一人的統一行動，是軍事上取得勝利的重要原因和基本保證。

軍隊要取勝，靠的就是紀律，就是行動一致。自古以來，治軍者如不以鐵的紀律來約束軍隊，使之絕對服從命令，那是無法戰勝敵人的。

設置軍市，加強管理

戰國時期，商品經濟已有了一定的發展，出現了各種形式的市場，「軍市」，也是其中的一種。顧名思義，「軍市」，就是設置於軍隊駐地內外的市場，主要是爲了方便軍人購物而設。有時，軍人也可到軍市上去交換一些自己多餘的物品，或在急需現金時出售自己的物品。

從現有的材料來看，商鞅並沒有因爲執行抑商政策而取消軍市，但他對於軍市加強管理，如規定不得在軍市上私下進行糧食交易，這是爲了不讓一些人趁有時軍中可能缺糧的空檔到軍中謀利，不讓他所謂的「輕惰之民」，即一些遊手好閒之徒在軍事單位中混跡。這又是與他重農政策的總體精神是一致的。

他又給經常在軍市中經營的商人規定了一些責任，如：他們要自己準備好鎧甲和兵器，以便隨時準備參戰，他們要時刻關注這支部隊的情況，以便對軍事行動有積極的配合，而不能有所妨礙。這實際上是把在軍中的商人變爲準軍事人員。

商鞅還明確規定：「令軍市無有女子。」可見，當時女人也到了軍市當中，有的可能是經營商業或在商業中作輔助人手，有的則可能從事色情活動以謀利。軍市中有女子，對於軍人來說，頗具有誘惑力，這會嚴重影響思想的戰鬥力，這當然是嚴厲治軍的商鞅所不能容忍的。再者，女子進入軍中混錢混吃，這也違背商鞅要求全國婦女都專心從事生產的宗旨。自然，這種思想與做法與「慎使三軍無相過」如出一轍。

戰爭實踐

商鞅也曾領兵出征

商鞅在秦國爲相多年。一提起「相」，就會使人聯想起最高的文官，執掌朝政。戰國時代，文官、武官確業已有了相對的分工，但將和相、文官和武官的區別還不是那樣嚴密。例如趙國的藺相如是以不辱出使之命，維護國家尊嚴而立了大功，任爲上卿，廉頗是武將，也一樣「拜爲上卿」，而且他還眞的擔任過相國。但商鞅既爲將，又爲相，將相兼於一身。

商鞅不只是紙上談兵，他還親自領兵打過仗。秦孝公八年（金元前三五四年），秦軍與魏戰於元里（在今陝西澄城南），斬首七千，取少梁（故城在今陝西韓城南）。這次戰役是否商鞅所指揮，於史無載，但即使不是由商鞅坐鎮，也該是有他參與決策的。秦孝公十年（公元前三五二年）商鞅爲秦大良造，親率秦軍圍攻魏國的安邑（今山西夏縣），打敗魏軍，取得一次較大的勝利。安邑，是魏國的舊都，它的岌岌可危，對於魏國朝野，震動很大。

公元前三五一年，商鞅率兵圍攻固陽（在今陝西米脂），迫使魏國進一步退縮，以便爲在國內改革贏得時間。後來，魏國組織了反攻，在商鞅的主謀下，秦孝公與魏惠王會晤，兩國暫時講和。

秦孝公二十二年（公元前三四〇年），商鞅又一次出兵攻魏。

出征前，商鞅對孝公分析了這次戰爭的意義。他認爲，秦對於魏來說，就像是人的心腹之患，不是魏攻滅秦，就是秦併呑魏，原因是魏國都於安邑，與秦對峙，如果對秦據於優勢，就會向西擴張，威脅秦國，否則就會向東發展。他認爲當時形勢對秦國有利，魏國因爲才被齊國打敗，在諸侯中的威信與影響大爲降低，秦正可利用這一有利時機攻魏，迫使魏國東徙。這一仗打贏了，不僅可以從根本上改變秦、魏兩國的力量對比，而且，使秦國可以控制黃河以西的廣大地區，這樣，就可以爲秦國的帝王之業奠定堅實的基礎。

商鞅這一番分析是很有見地的。當時，秦國在崤（崤山）函（函谷關）以西已經建立起牢固的基業，它的東進，首當其衝的就是三晉（魏、趙、韓）中最強大的魏國。秦要東向，無法繞過魏國，必須擊敗它。此時的魏國，極盛時期已經過去，衰敗之兆已經明顯，這是秦東向的極好時機。

抓住機會，人們常常這樣說，但眞正做到並不容易。一是要有眼光，能看出不容易看出的機會；二是要有魄力，能及時動作，不讓來之不易的機會失去。可以說，商鞅於秦孝公二十二年進行的對魏戰爭是一次非常及時又非常適時的戰爭，時機抓得太好了。

大勝魏軍

秦孝公聽了商鞅的分析後，覺得很有道理，當機立斷，決定派兵出征，並委任商鞅爲領兵主將。根據《史記·魏世家》的說法，這一年是秦、趙、齊三國共同伐魏，如果是這樣的話，商鞅就是三國聯軍的總指揮了。

魏國所派的主將是公子卬。當時魏國的國君是惠王，惠王雖說不上英明，但也還是有些見識的，看來，他不會對這場戰事的意義全無所知吧，只要是這樣，他在將領的選擇上總是有所考慮的，公子卬應當是魏國充任出征統帥較爲合適的人選。

兩軍對陣，旗鼓相當，一場惡戰似乎難以避免。魏軍摩拳擦掌，正欲比武，然而秦軍卻不見動靜。公子卬正在納悶之際，忽報衛鞅有書（古時稱信爲「書」，而把送信的使者稱爲「信」）報來，公子卬接讀，只見他的老友衛鞅親筆寫道：

想我當初與公子交情深厚，如今卻分別為兩國的將領，我們都不忍心攻打對方，我想是否可以和公子相見，結為同盟，歡飲一場，然後罷兵，使秦、魏兩國都得以安寧。

公子卬看罷此信，不禁勾起了他對老友衛鞅的懷念之情，這麼多年沒見了，不知他是怎麼一副模樣了。回想當初在一起暢談的情景，還眞想再好好敘敘舊呢。於是他派使者回覆衛鞅，答應與他會盟。

公子卬按預定的時間到了衛鞅大營，衛鞅親自出帳迎接，兩人相見，頗多感慨，攜手共語，一點也不像是交戰雙方的主將。

待到會盟儀式結束，舉杯慶賀時，衛鞅使個暗號，伏兵湧出，把公子卬擒獲，隨即出兵，以迅雷不及掩耳之勢向魏軍發起攻擊，大敗之，凱旋而歸。

這時，魏惠王因爲先前多次爲齊軍所敗，國內空虛，所以無力再度起兵與秦軍較量，而且因爲秦軍這一仗勝得漂亮，心中恐懼，只好派使者把河西之地割讓給秦國以求和。

這一仗的勝利，正如商鞅所預測的那樣，對魏、秦都有重大的影響。魏國受到重創，只好退縮，把國都從安邑遷到大梁（今河南開封）。秦國的勢力則向東大大推進了一步。魏、秦從基本上勢均力敵的對峙發展到秦強魏弱。秦對東方六國已經開始構成威脅。

衛鞅因爲這一仗的勝利而獲是於、商十五邑的封地，號爲商君，「商鞅」的稱號，也是從此時才正式有的。

商鞅之「詐」

商鞅戰勝了魏國，可他用的是欺友背信的詐術。對商鞅來說，這是一件給自己抹黑的事。這件事，拿到道德法庭上來衡量，當然是要受譴責的。所以，司馬遷把這看作是商鞅「少恩」的一個重要事例。

商鞅做出這樣的事並不偶然。其內在邏輯至少有以下幾點：

其一，商鞅是一個忠實的國家主義者。他要做到，也能夠做到國家利益至上，爲了他所效忠的國家之利益，他已顧不得朋友道義。不要說是朋友，必要時就是親人也是可以犧牲的。不信，你看吳起，做得比商鞅還要絕，從一定的意義上來說，還要沒有人性，他爲了消除魯國對他的不信任，就把自己齊國籍的妻子殺了。說起來，法家都有這麼一種特點，爲「公」不顧「私」，求功利不顧人情。

其二，商鞅是個領兵打仗的將領，爲了戰爭勝利的目的，他是完全可以不計手段的，所謂「兵不厭詐」，「戰陣之間，不厭詐僞」，爲什麼他不能這麼做？

其實，說到「兵不厭詐」，本身就不存在什麼信義可言。無論是古今中外，戰爭的目的，是爲了保護自己，消滅敵人。歷史上領兵打仗的人很多，爲了達到消滅敵人的目的，許多人都使用過詐術，爲什麼單單要指責商鞅呢？

其實，歷史上不公道的事情本來就很多，在對歷史人物的評價中，的確存在著雙重標準甚至多重標準的問題。商鞅，因爲在後世總體評價中貶多於褒，所以對他的事責備的多，而諸葛亮、李世民，哪個沒用過詐術啊，可人們卻不去多計較。

商鞅一生中所指揮的戰爭中最重要的一次，竟是以陰謀取勝，商鞅爲此付出了過於沉重的代價。雖然商鞅是個智者，但他恐怕沒有想到他計賺舊友，取勝雖然太容易了些，可是從長遠來看，未免太不划算了吧！

公子卬的教訓

不過，無論是誰，都要警惕像商鞅這樣的「朋友」。不管怎樣，誰都不會願意被甜言蜜語所欺騙，以至中了圈套，成了俘虜或丟掉腦袋吧！

公子卬就上了這樣的當。如果說他太天眞，那他就是太易輕信，太痲痹了；如果說他不聰明，那他就是太不了解商鞅了。

公子卬應該了解商鞅，像他這樣的人是什麼事情都做得出來的。老交情並不總是靠得住的。更何況，他和商鞅已經分手多年，早已分屬相互爲敵的兩個國家，在這種情況下，沒有高度的警惕性，豈不是等於自殺！

反過來，大概商鞅是眞正了解他的這位老朋友，所以才那麼容易得手。我們可以想像公子卬的爲人，一定比較重感情，甚至還很講義氣，所以商鞅才想出那條計策來引他上鈎，而且深信他一定會上當。果然，公子卬是像商鞅所想的那樣——這說明商鞅善於知人，又能因人施計，因此能「不戰而屈人之兵」。要知道，「不戰而屈人之兵」，這在孫子看來是應該打最高分數的啊！

戰時政策

商鞅使秦國處於「興兵而伐，按兵而農」的戰時狀態下。他的指導思想是「戰事兵用曰強，戰亂兵息而國弱」，也就是說，國家要常備不懈，不是打仗，就是備戰，否則，國家就會衰弱。可以說，商鞅領導著一個戰時政府，他本人亦是一位戰時宰相，他的一切政策，都建立在隨時準備打仗的考慮之上，秦國全境，也時時處於一級戰備之中。

喜戰欲戰的空氣

全國的國民，喜歡對外戰爭，戰爭是他們的興奮劑。沒有戰爭時他們不是無精打采，就是摩拳擦掌，打起仗來，他們精神振奮，興頭十足。戰爭是他們日常的話題，離了戰爭他們簡直沒有法子活。

這就是商鞅的想法。他希望秦國成為這樣的國家，他也在一定程度上把秦國變成了這樣的國家。

本來，人應該是害怕戰爭的，戰爭使成千上萬的人離開年邁的父母、新婚的妻子、才瞥一眼的初生兒子。戰爭是殘酷的，不是死，就是傷，要一點皮也不碰破，實在不容易。戰爭也給平民帶來生命和財產的損失。戰爭影響農業生產，引起飢荒，引起瘟疫流行，奪去更多人的生命。

別以爲商鞅不知道這些，他知道，他說「凡戰者，民之所惡也」，「民之外事，莫難於戰」，原來，戰爭是百姓所厭惡的。因此，他也認識到，要使民獲得奮勇投入戰爭的動力很不容易，「能使民樂戰者王」。

然而，商鞅卻像施魔法一般，使秦人喜歡上了戰爭。

說怪也不怪，如果戰爭能給某人帶來好處，他就有可能贊成戰爭；如果戰爭能給一個國家相當一部分人帶來好處，他們也會變得好戰。

比較原始、野蠻的戰爭，勝利者透過對戰敗者的殺戮，透過掠奪財物和婦女，來滿足獸性，獲得利益。秦國的對外戰爭，已經高於那樣一個階段了，商鞅使秦國的將士得到的是更多的東西，更加久遠的利益。

殺敵立功吧！殺敵立功可以得到田地、住宅，這些都是切實的物質利益啊！

不僅如此，還有看來是虛，說穿了還是實實在在的東西，那就是爵位，爵位是什麼？它是一個人，乃至一個家庭的社會地位，有它沒它大不同。有了它，管你是什麼人，就有榮耀，受人尊敬，還享有種種特權。在秦國，經過商鞅變法後，就是那些昔日的王孫公子，也已經不再像以往那樣風光了，他們要是沒有軍功，沒有爵位，頂多是有幾個臭錢，算得上是個富人，但在社會上卻不顯得特別。

假如你是一個農民，既窮又無地位，那就到戰場上去尋找機會吧。殺一個敵人，得一級爵位，再殺一個，再得一級，就算你原來什麼都不是，可幾次戰鬥下來，或許你已經是個不更（第四等爵）或者大夫（第五等爵）了。你想想，要不是戰爭，這好處到哪兒去找啊？

這樣，就不難明白，商鞅在秦國造就了一個特殊的階層，那就是軍功地主階層。他們因戰爭而崛起，因戰爭而存在，戰爭給他們帶來了切實的利益，他們是戰爭最熱烈的擁護者。

當然，還有更多的人，希冀著戰爭給他們帶來好運。戰爭是這樣地鼓舞人，以至會出現這樣的情景：強國之民，父親送兒子出征，哥哥送弟弟參戰，妻子送丈夫上戰場，並且都在分別地反覆叮嚀：「不打勝仗，就別回來。」——請不要吃驚，這是《商君書·畫策》中的精彩描繪。

按照商鞅的設想，一個國家應當出現這樣的情況：民之見戰也，如餓狼之見肉。這樣，民就可用了，戰爭的勝利就有保障了。

不過，話又說回來，民衆再狂熱於戰爭，也不會不知道戰爭的危險，商鞅對他們的心態有一個十分逼眞的寫照：「民固欲戰，又不得不戰」。原來，民衆既有思戰的一面，因爲戰爭給他們帶來利益；同時，他們又不是完全心甘情願地去打仗的，他們自有不得已之處，他們身後有商鞅們所設計並造就的一種奇妙的驅動力，這種驅動力，才是民衆衝向戰場的根本原因。

最高價値標準

任何一個社會，一種文化，都有其支配地位的價値標準，決定著人們的崇尙，指引著全社會的行爲取向。什麼是「好」的，什麼是「壞」的，什麼該做，什麼不該做，都並非完全由個人的好惡所選擇，而是由社會存在所決定。

在階級和等級社會中，富貴是社會上普遍追求的目標，尊富賤貧、尊貴賤賤，也是普偏的價值觀念。富和貴，有著密切的聯繫，但也並不相同。所謂富，就是擁有較多的財產——動產和不動產，土地、房屋等，是最重要的不動產，貨幣，是最重要的動產。古時說到富人，總會以范、白爲例（范是春秋時期的范蠡，他原是輔助越王勾踐的政治家，後來經商，取得成功，成爲巨富；白是戰國時期大商人白圭，極善經營，家累萬金）。所謂貴，就是在等級制度下，擁有特殊的社會地位和特權。在專制統治確立後，皇帝就是全國最大的貴族，以下則有親王、公、侯等，都是社會上的貴者。再有官僚系統，也有品級等第之分，高者相對低者爲貴。書生應試及第，中進士者較舉人爲貴，而衆進士中，又以狀元爲最貴。總之，貴是相對而言的，是一個越往上越小的寶塔尖。

取富貴可以多端，而商鞅使之簡化和一元化了。他所確定的原則是「富貴之門必出於兵」，這就等於說，要富貴，須從軍作戰，也只有從軍作戰，才能獲取富貴。

只有參軍參戰，在戰爭中奮勇殺敵，才是無上光榮的，不戰而榮的人，被他列入奸民，應當受到全社會的鄙夷。商鞅就這樣，主要靠政策導向，確立了秦國的最高價值標準，並且使之得到了秦國上下的公認。這一點，對於秦國軍事上的強大，無疑是至關重要的。

戰爭——商鞅制定一切國策的出發點

商鞅把戰爭看成是一切政策的立足點和出發點。他的言論，很少離開過「農」「戰」二字，而農也是爲了戰，是爲戰服務的。

自從商鞅到了秦國，成了秦國的靈魂人物後，他就把秦國置於戰時狀態之下，他也做起了秦國的戰時宰相。在他治理下的秦國境內，一切都服從戰爭這一最高目標，誰也不能反對和違抗。

變法是爲了強國，國力的強大要靠戰爭來顯示。強國是爲了爭霸，霸權又要靠戰爭來謀取，因此，商鞅談什麼都離不開戰。

一個國家，要曠日持久地進行戰爭，並非易事。但在當時的時勢下，這不僅具有可能性，而且甚至還有來自各方面的推動和支持。

商鞅對秦國進行了充分的改造，他使秦國變成了一部戰爭機器，戰爭成了秦國的頭等大事，也成了秦國上下的熱門話題。就是商鞅本人思想、理論的焦點，也完全是在這個話題上。

所謂「以戰去戰」

商鞅的言行和他所推行的政策，顯得如此迷戀於戰爭，但商鞅好像也不願意擔一個「戰爭狂人」的惡名，他用一個著名的兵法來解釋自己以戰爭爲中心的政策，即「以戰去戰」。

在他看來，他所進行的戰爭都是無可奈何的事情，並不是他天生就喜歡戰爭，而是戰爭本來就不可避免。他要用戰爭去結束戰爭，因此爲了結束戰爭就必須要進行戰爭。

其實，商鞅的戰爭目的並不清楚，在現存商鞅的言論中，並沒有提到統一中國的問題，在那個時候提出這個問題也為時過早，商鞅對戰爭的目的考慮，恐怕也就在使秦國獲得霸主地位這樣一個目標之下。

「以戰去戰」，從字面上說當然是不錯的，一切戰爭都是為了戰勝敵人，敵人消滅了，戰爭就結束了。所以，非戰無以止戰，止戰必須先戰，這一點，古今中外都是相通的。當然，中國古代軍事家也有另外的見解，那就是「不戰而勝」，孫子就說過：「不戰而屈人之兵，善之善者也」。能夠不戰而勝、不戰去戰固然好，那就不是商鞅所說的「以戰去戰」的模式了，但總的說來，戰爭終究還是靠戰爭去結束的居多。

「以戰去戰」，這個說法本身並不錯，而且堪稱一個深刻的見解，但商鞅是根本不談戰爭性質的，他要進行戰爭，自然必須全力以赴，容不得就什麼性質問題作什麼討論。就在孟子認眞地考慮戰爭的性質問題並已提出「春秋無義戰」這樣的判斷的時候，商鞅根本想不到這上頭去。商鞅認為他和他為之效力的國家所進行的戰爭，完全是天經地義的事情。

商鞅的為人

「刻薄」「少恩」

司馬遷的評論

最早給商鞅作傳的，應是兩千一百餘年前寫《史記》的太史公司馬遷。人稱司馬遷有良史之才，應當說，司馬遷撰史的筆法，是非常認眞的，許多處理，都有他的週到細緻的考慮，毫不含糊。他給商鞅單獨作傳，且命之爲《商君列傳》，表明他對商鞅歷史作用和地位的重視，從史學的意義上看，這本身也是一種評價。

《史記》的最後有一篇《太史公自序》（古代書的序言是放在最後的），司馬遷在叙述了自己的家世和身世後，對《史記》各篇的寫作緣起都作了說明。談到《商君列傳》的寫作，司馬遷說：「鞅去衛適秦，能明其術，強霸孝公，後世遵其法。」（公孫鞅離開衛國到秦國，能實行他的思想，施展他的才能，使秦國強大，孝公稱霸，後世遵循著他的做法。）這段司馬遷對商鞅的總評價，語氣平和、中肯，體現了史學家公允的態度。

當然，從《商君列傳》也很容易體會得出來，從個人感情來說，司馬遷並不喜歡商鞅。他在該篇最後的「傳贊」（相當於總評）中稱商鞅為「天資刻薄人」，又列舉他生平的作爲，說他是「少恩」之人。他在讀了商鞅的《開塞》、《耕戰》這樣一些著作後，認爲文如其人，並從而更使他相信，商鞅在秦國背上惡名，是咎由自取，理所當然的。

《商君列傳》既說商鞅實行變法，使「秦民大說（同『悅』）」，又說他「卒受惡名於秦」。商鞅在秦國到底名聲如何？看來，在司馬遷的筆下，反應了不同的聲音。本來，社會成員對於一個人的評價是難以一致的。秦國那些心懷不滿的宗室貴戚們是十分仇視商鞅的，還有，「大臣苦法而細民惡治」，這些人也是對他深懷不滿的。處於秦國利益關係焦點的商鞅，不可能會獲得一致的評價。

司馬遷客觀地記述了秦國社會若干層面對商鞅的評價，同時也透過他的修史「筆法」表現了他個人對商鞅的好惡。不管怎樣，作爲中國古代最偉大的史學家，司馬遷對商鞅的評價是値得我們重視的，他確實指出了商鞅作爲歷史人物的個性特點。當然，商鞅的爲人處事，是其性格（司馬遷所說的「天資」是這個意思）決定的，還是其思想決定的，這是一個很複雜的問題，可能的情況是，他的性格因素使他更容易接受法家思想，而法家思想又使他原有的性格特徵更爲突出。

司馬遷是一位史學家，也是一位文學家。文學家寫作是帶有感情的，沒有感情成不了文學；史學家呢，當然，最好能儘量平和公正，感情色彩越少越好，但要史學家把感情因素完全排除乾淨，事實上也很困難。學者評論司馬遷，早已指出，司馬遷的筆端是帶有感情的。熟悉司馬遷的人都知道，他的思想一道（道家）二儒（儒家），對法家是有反感的，而他一生之中遭受的摧殘（他曾受了殘酷的宮刑，這使他對嚴刑峻法有切膚之痛），又怎能讓他對極力鼓吹以刑懾民的商鞅心懷好感？

臨渭論囚

商鞅一生中，的確是做過一些心狠手辣的事。在歷史的相關記載中，以下面這樣兩件事最為典型。

他的新法實行了十年，在秦國產生了顯著的成效，原先一些說新法不好的人也改變了態度，從敵視變為擁護。作為變法的主持者，理應對此持歡迎態度，並對原先的反對派給予寬容。然而，商鞅卻不是這樣，他把他思想中知變通達的理性完全拋諸腦後，而表現出極度的狹隘和暴戾。當出現一些「初言令不便者有來言令便者」時，他非常霸道、毫無道理地說：「此皆亂化之民也」，把他們都遷到邊城。從此後，老百姓誰也不敢議論他的政令了。

透過《新序》一書的記載，我們還可以知道商鞅所做的更狠毒的事情。有一次，他下達死刑命令，把七百餘人趕到渭河邊上去處死，殺得渭河的水頓時通紅，號哭之聲，響徹天地。或許，按照商鞅制定的刑法，七百餘人中確有可殺之人，但也總有可殺可留之人，何不寬大一些，放過一些，即使是殺人，又為什麼要這麼集中，大規模地屠殺？這似乎也不難解釋，因爲商鞅的法家理論使他相信，不這樣不足以使民畏懼。七百餘人的集體屠殺，正是他向民眾示威。他要借用這些死者的鮮血向民眾宣示，只有絕對服從，切莫妄生僥倖。

《新序》是西漢劉向編輯的書，雖然不盡確鑿，但也多有所本。關於商鞅，劉向說他是「內刻刀鋸之刑，外深鈇鉞之誅，步過六尺者有罰，棄灰於道者被刑」（內心險惡，全是如何用刑的盤算，手法狠毒，鈇鉞之誅是家常便飯，像走路匆忙一些，步子超過六尺和把灰撒在路上這樣的事，都要加以重罰）總之，商鞅行法過於嚴酷，暴虐之甚，無以復加。

何爲「少恩」？

司馬遷說商鞅是「少恩」之人，理解「少恩」是什麼意思，對了解商鞅的爲人十分重要。

「恩」的意思，其一是德惠，其二是情愛。所謂「少恩」，意思主要是指冷漠刻薄，缺乏人情味。司馬遷在《史記》的《老子韓非列傳》之末，也說到過

「少恩」：「韓子（指韓非）引繩墨，切事情，明是非，其極慘礉（苛刻）少恩。」這裡所說的「少恩」，也是指只講行法，不顧人情，唯法律是依，沒有轉寰餘地。

所謂「少恩」，反應了商鞅爲人殘暴酷虐的一面，這是令人憎惡的。但是全面地、客觀地看商鞅，可以說，「刻薄」「少恩」這樣的評價，亦適用於指他執法無偏，毫不講情面這一方面的表現的。「少恩」，正揭示了商鞅爲人品格的雙重性。

商鞅是一個認法不認人的人，在他心目中，也許只有秦孝公還可以作爲實施法治的例外，其他人，則一律按法律辦事，毫無特殊可言。

法律本來就是硬梆梆的東西。鐵面無私，機械地執行法律或規章制度的人，既叫人愛，也令人恨。

人要有理性而又不從一己利益出發考慮問題，並不容易。不希望別人做的事，自己卻要去做。希望有法律保護自己，但自己行動受法律約束時，又往往感到不便。當歹徒出現在自己面前威脅到自己的安全時，希望有警察來保護自己；

而當違犯了交通規則將要受罰時，就覺得警察討厭了。人們常說到人的個人利益和社會利益，暫時利益與長遠利益，局部利益與整體利益，這重重矛盾，使人的思想與行爲變得十分複雜，是是非非，常常沒有統一的標準，眞可謂是於人於己不同，或者此一時，彼一時，各取所需，並且往往喜歡以自己的利益爲出發點。

如果是打官司，有理的一方希望法官秉公辦事，無理的一方則對法官過於認眞產生反感甚至仇視。在一個單位裡，管得太嚴的領導有時並不得人心，而寬容的人卻常有人望美譽。其實，雖然寬容常給人以溫暖，但過於寬容就像父母溺愛子女一樣，從長遠看，並非有益。

由此可見，關於商鞅刻薄少恩之類的說法，也不排除部分地是指他執法過嚴，執法無偏。就這一點而言，也常常是不討人喜歡的。

「少恩」，不正是法家的特點嗎？

司馬遷舉了幾個例子來說明商鞅的「少恩」。

其一，是說他初見孝公時有意以試探的口氣談帝王之術，搞的是把戲，這說明他不實在。弄虛作假，待人不眞誠，自然可以目之爲「少恩」。

其二，他透過孝公近臣（指景監）這不正當的關係去接近孝公，這也可見他爲了達到自己的目的可以不擇手段。

還有他對公子虔用刑，堅決、果斷，絲毫不顧人情；他又不聽趙良對他的勸阻，鐵石心腸，一點也不知道回心轉意。

司馬遷認爲這些事情，「亦足以發明商君之少恩矣。」發明，在這裡是呈現、表明的意思。

實際上，是司馬遷太書生氣了一點，看來，他雖然論述過法家，但他並不眞正懂得法家的特點。如果商鞅連這些都不做或做不到，他還能算是一個法家嗎？

法家只鑽研政治。在法家看來，政治是不講感情的，政治是注重目標的，政治是需要決斷的。

初見孝公，商鞅並不了解他的意圖，只能試探著來，一招行，就行，不行，就換一招，難道還有更好的辦法嗎？

經由近臣的後門關係去見孝公，不如此無它法可想。商鞅人生地不熟，千里迢迢來到秦國，如果不儘快設法見孝公，求信用，恐怕連吃飯、睡覺都會沒有著落呢。

對公子虔留面子，反對變法的勢力就會更加囂張，所以也就顧不得那麼多，只有叫他丟面子了。

趙良的話，是要商鞅打退堂鼓，義無反顧的商鞅，怎麼可能聽他的？

總之，司馬遷恐怕並不眞正懂得法家的一套並不是說說而已，而是眞正要實行的。法家的思想家和實踐家，特別是像商鞅這樣一個眞正的、百分之百的法家，追求的是目的的實現，至於用何手段，對他們來說並無太多的限制。

讓一些歷史人物反映商鞅

爲了更深入地了解商鞅，我們再來看幾位相類的歷史人物。

一位是經歷和結局與商鞅相近的吳起，司馬遷對他有「刻暴少恩」之評。起先他在魯國，齊國前來進攻，魯人想用其爲將，但因爲他的妻子是齊國人，對他不放心，他就來個殺妻求將。他離別母親時即對她說：「我不當上卿相，就不再到衛國來。」不久他母親去世，他也不回去祭祀。後來他到了魏國，魏文侯向李克了解他，李克說：「吳起貪而好色，然用兵司馬穰苴（春秋時的著名軍事家）不能過也。」有人是這樣解釋李克的話：吳起家裡本來是很有錢的，他並不顧惜，說明他這個人並不是貪財，他貪的是「榮名」。然而，要說他貪「榮名」，如果作「榮譽名聲」講的話，殺妻求將、母亡不歸，又怎能給他帶來「榮名」？所以，榮名，對吳起這類人來講，實際上是功業。

一位是西漢初年的晁錯，司馬遷說他「爲人峭直刻深」。漢景帝時，他利用「寵幸傾九卿」的特殊地位，「法令多所更定」，是一個積極從事變革的政治「好事者」。針對當時地方上諸侯王勢力強盛，嚴重威脅中央政權安危的險情，他提出削減其封地的「削藩」建議，遭到諸侯王們的反對和仇視。這時，他父親從故鄉潁川到長安，質問他爲什麼要這樣做，他回答說：「不這樣，天子不尊，宗廟不安。」他父親說：「劉氏倒是安了，晁氏卻危險了。」回去就自殺了。就在他父親死後十餘日，晁錯被錯殺。

還有一位是主父偃，他得到漢武帝的信任後，提出了好幾條重要建議，均被採用。當時，大臣們都怕他，紛紛賄賂他，但也有說他太驕橫的，他卻說：「我這個人，自小遊學，四十年來，一直沒有機會，父母不把我當兒子，親兄弟也不理我，朋友都把我給扔了，我倒楣得太久了。大丈夫活著時不能列五鼎而食，那就受五鼎而烹的刑罰去死吧。我也老了，所以顧不了那麼多，就這麼倒行而逆施。」後來，他到齊國（當時重要諸侯王國）為相，回到故鄉，他就把親戚朋友都找齊了，分給他們五百金，對他們說：「以前我走投無路時，你們都不理睬我，現在我當了齊相，你們有的甚至到千里之外來迎接。今天我跟你們講清楚，我和你們沒有關係，你們以後不要再來找我。」不久，趙王誣告他私下接受賄賂，武帝大怒，把他家滿門殺絕。

從這幾個人看，他們有共同特點。

首先，他們都是不好靜而好動，喜歡變革，喜歡生事，不安於現狀，充滿主動精神的人，像吳起熱衷於建功立業，晁錯對法令多所更定，主父偃積極向武帝出謀劃策，均屬此類。無論在何時何地，都會有此類人士，他們總是興奮著，躁動著，總是想要玩出點新名堂，弄出點新花樣。他們與那些飽食終日，不思進取，信奉「明哲保身」、「隨遇而安」、「多一事不如少一事」的處世哲學的人形成鮮明的對比。這種人，弄得好，會革故鼎新，一掃積弊，鬧得轟轟烈烈；弄得不好，就會惹出亂子，引火燒身，衆叛親離，不得安寧。

其次，他們爲了達到某種目的，全然不顧身家性命，這種勇氣也著實讓人敬畏。試想一下，吳起「家累千金」，卻放著好日子不過，東奔西走，先是破家，後又殺身。晁錯有了那麼好的官位，不思鞏固，他在當時號稱「智囊」，絕不會不懂保全之計，可他偏要冒險。主父偃苦盡甘來，他分明知道身處高位，時刻有「五鼎烹」的危險，可他偏要「倒行逆施」。他們可眞是權力角鬥場中不怕死的英雄好漢。

再者，在利益對比上，他們都是將國、君置於身、家之上的。吳起，一個異國人，到了楚國，受到楚王信任，就把一切都交給楚國了，爲了在楚國革除舊弊，他敢於挑戰難題，罷省可有可無的官，取消那些較疏遠的公族之特權，還把大多數貴族強制性地遷移到荒涼地區去。這無疑是有利於楚國的國家利益的，但卻遭受舊貴族的刻骨仇恨。晁錯「削藩」，是維護漢朝中央集權和國家統一的，但他卻得罪了當時仍有強大勢力的諸侯王，所以吳、楚七國叛亂，打的旗號就是「清君側」，即袪除皇帝身邊的壞人，他們指的就是晁錯，他們最恨最怕的就是晁錯。主父偃也給漢武帝出了進一步削弱諸侯王勢力的主意，他一到齊國不久，就用計讓齊王自殺。他之所以要把親戚朋友都找來，其實並不是怕他們來要錢，他一次就給他們五百金，這是一筆很大數目的財富啊，他是怕他們影響他的公務。所以他不惜破費重金，一下子就甩掉了一個關係網。

「歷史不過是追求著自己目的的人所從事的活動而已。」人的目的又是什麼？眞可以說是千種百樣，有的十分簡單，有的令人費解，有的未必有利可圖，有的分明自討苦吃。看看吳起等人的行事，對於了解商鞅，是會有幫助的。

功業思想

早立大志

不難想像，商鞅是一個早立大志的人。

他出身於已趨沒落的貴族支系，家道恐怕並不興盛，像他這樣的人，很可能走兩種沒出息的路，一是胸無大志，當紈袴子弟，再就是意驕氣盛，亂來一氣，惹出許多麻煩，最後正經的事一件也不成。

公孫，公孫，公子王孫，春秋戰國時代，不知道有多少出身於沒落貴族家庭的哥兒們，白白誤了自己的一生。

可是商鞅卻大不相同，他也是一個公子哥兒，他有他的來歷，他有可以誇耀的昔日尊貴，他可以想入非非，也可以虛擲光陰。但他終究選擇了闖一番事業的道路，他走對了，成了一個對歷史有特殊貢獻的人。

他從衛國到魏國，又從魏國到秦國，他尋找著他的人生座標，尋找著他最能發揮作用的地方，他一步步地向人生的巔峰走去，向時代的至高點邁進。

人生觀

在商鞅留下的言論中，談他對人生看法的，確是太少了，不過也還是可以找到一二，如他所說：「有飢寒死亡，不爲利祿之故戰，此亡國之俗也。」在他看來，人生的目的應當是爲了利祿，而且是人人爲利祿而奔忙競爭，要不的話，國家就會毫無希望。

這可以說是他功利主義人生觀的一個概括。

在商鞅看來，任何一個人，都應該樹立功利目的，爲「利祿」而奮鬥，社會也應該確立這樣的激勵機制，使任何人有可能經由貢獻國家而獲得他應有的物質利益和社會地位。

社會中確實存在對利祿看得很淡的人，他們或者對生活的要求很低，或者以追求恬淡清靜的精神生活爲滿足，對於利祿不感興趣，甚至視之爲齷齪的東西。

一般說來，儒家並不諱言利祿，他們還以積極的態度參與社會政治活動，但儒家對利祿是要講取之有道的，前提和條件是不喪失自己的人格尊嚴，不違背基本的道德原則。而道家則對利祿持輕鄙的態度，寧可逍遙，不願爲名利之纏所羈，追求自由，而絕不以犧牲自由爲代價去換取使自己淪爲奴隸的利祿。

法家有很大的不同。兩個典型的例子，一個就是商鞅，再一個就是李斯，都是功名心極強的人。在司馬遷的筆下，李斯的這一個性特點被表現得淋漓盡致。可以說，他們爲了利祿，可以不顧一切，可以無所不爲。

儒家陣營中也有一個很典型的人物——原憲，他確也淸白得可以，既無任何劣跡，也不和任何勢力同流合污。但他的生活方式是沒有任何追求，沒有生活的熱情和動力。他寧可過極其貧窮的生活，而不願花費一點精力去謀求改善。

在商鞅看來，國家要強大，就得要千千萬萬的人參與，而要人們參與，人們必須要有強烈的利益欲望。那種持寧可凍餓，也不願去拚搏的心態和人生態度的人，顯然是無法動員起來的。商鞅的強國方案，所需要的絕不是這種人，他所需要的是那種充滿熱情，爲了「利祿」之類的個人功利性目的，無所顧忌的人，這種人最具積極性，最易爲他的事業和目標所利用。

「利出於地，則民盡力；名出於戰，則民致死」，商鞅從自己的人生觀出發，把秦國上下的功利欲望也點燃了。在利益原則的驅使下，秦國人是「軍士死節，而民不偷」，像拉得滿滿的弓弩，蓄滿著力量。

不失時機

人們經常談論機遇，很多人相信這是命，是命中注定了的事情。連大史學家司馬遷也引用那時很流行的一句俗話「力田不如遇年，善仕不如遇合」來說明運氣的重要。

當然，也不能不承認機遇的重要性，甚至也有機遇起決定性作用的時候，但是，也不能因此而認爲人自身的努力毫不重要或全無必要。實際上，從長遠來看，眞正幸運的人，不是那些靠命運恩賜的人，而是有能力抓住機會並讓它充分發揮作用的人。

要想幸運，不失時機是極爲重要的。古往今來，無數的人感嘆過：「時乎，時乎，不再來。」的確，機會對人們來說是太寶貴了，它可遇而不可求，千等萬等它不來，來的時候又總是那麼突然。它難得光顧，又轉瞬即逝，企盼它是那麼不易，把握它更是談何容易。

戰國時期的大氣候對商鞅有利，但他也並不算特別幸運，如果他一生留在衛國或者魏國，而不去秦國尋找機會，那麼，也許終其一生也不會有機會。他的機會是他自己創造的。

商鞅在兩千多年前就實踐了一次人才流動。我們要說，人才流動確是好，因爲流動給人才以脫穎而出的機會。相信這一點的人都喜歡用一句很通俗但很有理的話：樹挪死，人挪活。商鞅爲此提供了一個例證。

貪戀權位

秦孝公去世前五個月，有個秦國的貴族名叫趙良的人去見商鞅。

這個趙良，裝著一副很謙虛的樣子，又拐彎抹角地說他聽人講：「如果有人所居的位置並不適合，可是卻不願意退出，這樣的人就該叫做貪位，有人頂著他不該得到的名氣，這樣的行為就叫做貪名。」商鞅一聽，就品出了他的話意，問他：「你該不是指我治理秦國的作為吧。」趙良說：「能聽出別人含蓄的話意的，可以稱為聰，能自我反省的，可以稱為明。虞舜說過，自己表現謙虛的人，是值得稱道的。你要是也能像虞舜所說的那樣去做，也就不須要再問我了。」

原來，趙良的用意是要告訴商鞅，一個人應該識時務，他認為商鞅的所做所為是不得人心的，在他看來，商鞅的處境非常危險，就好像朝露一樣，原因就是他違背了「恃德者昌，恃力者亡」的教訓。

那麼，商鞅應該怎麼辦呢？趙良給他出的主意是：退出自己的封地，離開咸陽，離開秦國的政治中心，最好再去幹點澆灌菜園一類的活，消遣消遣。

在趙良看來，商鞅太戀於權勢，這是非常危險的，辦法只有及時退出秦國的政治舞台，過賦閒的生活，以權位換平安。商鞅沒有採納他的意見。結果，被趙良言中了，過了五個月，商鞅就從權力的峰顛跌落下來了。

趙良說的也不無道理，貪戀權位，確是商鞅的一個特點。當然，法家人士幾乎都有這個秉性。譬如說後來的秦相李斯，這個在精神上和商鞅一脈相傳的人，也是這樣的。他患得患失，就是捨不得權勢，得意時拚命進取，後來在趙高的壓力下又曲意逢迎，極力企圖保住自己的地位。所以後世有人對他有確評：「李斯古今第一熱衷富貴人也。」

可以說，商鞅的一生就是弄權作法的一生，離開了權和法，他怎能生活下去？他想把幾乎秦國所有的人都變成農夫和戰士，他深惡痛絕那些智士遊客，恨不能把他們都殺光斬絕，但無疑他把自己看成一個（或者是唯一的一個）例外。兩千餘年間的中國社會，確有這樣一種現象，就是極少數人總是期望全中國只有那麼極少數頭腦能夠思考，其他千千萬萬顆腦袋所要做的，就是知道服從就行。

商鞅不願意離開他的高職顯位。然而時間也只給了他五個月的延長。也許商鞅後來結局太慘，這也給了後世的聰明人以深刻的教訓和啓示，所以就有了許多有官不當的人，有大功而及時知退的人。張良幫助漢高祖劉邦打天下，功不可謂不高。但他卻不戀高位，編了一套故事，說什麼跟赤松子學道去了。權勢值不值得戀，商鞅確是提供了一個經典性的答案。

王充在《論衡·自然篇》中說：「商鞅變秦法，欲爲殊異之功，不聽趙良之言，以取車裂之禍，德薄多欲，君臣相憎怨也。」這裡的君是指秦惠王。王充對商鞅得禍的原因，並未深入分析，但指出他是「多欲」、「欲爲殊異之功」，都說到了他的功利之心，正是這種功利之心使他捨不得已獲得的權位，在急劇變化的形勢下，終於釀成了悲劇。

國家利益至上者

從一定的意義上來說，商鞅是一個「公」而忘「私」的人。他說過「毀公者誅之」「公私分明」一類的話。他不止一次地談起國與民、公與私之間的關係。「故大臣爭於私而不顧其民」，是他所深惡痛絕的。

《新序》論商鞅，就說他「極身無二慮，盡公不顧私」。這等於說，商鞅是個一心爲公的人。

今天的人們聽這話或許會覺得可笑。但回顧歷史，歷史上有這樣的人這樣的事存在，也是可能的，確有這樣的事實。

我們就來看看古時的一部名著《說苑》吧，其中專門有名爲《至公》的一卷，「至公」，不就是無私嗎？正是這個意思。

《說苑》各卷都是由一些意義雋永的小故事組成的。有一個小故事說楚國令伊（相當於丞相）虞邱子向楚莊王辭去官職，並推薦孫叔敖接替這一職務。由於他言辭懇切，態度堅決，楚莊王便答應了。孫叔敖上任沒多久，虞邱子家就有人犯了法，孫叔敖把犯法者殺了，虞邱子入見楚王，說：「您看我推舉的人不錯吧，這樣執法嚴明，眞稱得上公平。」楚王說：「這是先生您賜予我的呀。」由此可見，虞邱子、孫叔敖都是把國家利益置於最高位置的人。

法家之中確有爲公而不顧私者，甚至有甘冒生命危險來捍衛法律尊嚴的剛直之士。

再講一個令人驚心動魄的故事。春秋時，晉國一位大法官名叫李離，因爲有人罪不當死而被處死了，就自己去向晉文公請求嚴厲處分。文公說：「這應當是執行辦案人員的罪過，不是你的責任。」但李離卻堅持認爲自己是司法長官，出了差錯，把責任推給下級，怕死諉過，是不義的，自己應該服死罪。不管文公怎麼勸說，李離堅持他心目中無比神聖的「公法」，終於伏劍自殺。

這也可以稱得上是法家的一個典型。

人類社會，總是由作為個體的自然人組成各種各樣的群體，自從有人類社會以來，就有個人和群（團）體的關係問題。在原始社會，有個體而幾乎不存在私利，在出現了私有制以後，就有了公和私的利益關係和利益衝突，有只顧私利的人，也有在私利和公益之間兼顧並力圖進行平衡的人，也有在不同程度上讓公益壓倒私利的人。

當然，人是以自然人的形式作為個體而存在。要生存，以物質生活而言，要吃要喝要睡，以精神生活而言，要有理想有抱負。因此，對任何人來說，也都有屬於個人的權益。而有人能為公捨去自己的利益，甚至作出很大的犧牲（包括生命在內），這就很不容易了。

私，就是個人，公，卻是各種各樣的群體（但一般不包括像家庭這樣各成員有密切共同利益的較小群體）。群體，通常是以一定的組織形式集合在一起的人們。事實上，人們的群體利益又總是以某種組織形式來承擔的。

在原始社會，人們的組織形式是氏族、是部落，都具有血緣的聯繫紐帶。原始社會解體後，出現了國家，國家以地域劃分人類群體，成了人類最大的社會組織形式。

說起國家，特別是國家利益，問題很複雜。一種說法，國家是某一階級壓迫另一（或另一些）階級的工具，因此，國家只能代表某一階級的利益。另一種說法，國家是代表全民利益的。

其實，這兩種說法都只看到一面。全面地看，國家，它確要代表和維護掌握它的那個階級（統治階級）的利益，但是，它也不能毫不考慮對社會各階級的利益進行適當的調節，以緩和社會矛盾，釋放社會衝突的能量，所以，只要國家機器還在正常狀態下運作，它就要在維護統治階級利益的同時，也考慮到尋找社會各階級利益的適度平衡。再者，由各個階級組成的社會，還有一些共同的問題，如人與自然的關係，對外關係中的民族共同利益，遭受外來侵略時的民族自衛戰爭等等。因此，國家問題，並不是那樣簡單。

中國，很早就形成了中央集權的國家，統治著一個龐大的國度。一方面，國家代表著統治階級的利益，做很多壞事，對人民壓迫、剝削，使人民深受痛苦，特別是在暴君、奸臣掌握權力時，更是如此。但是，另一方面，社會的存在與發展，也不能沒有國家，沒有國家，是否意味著人類就將永遠停留在原始社會？沒有國家，社會生活如何進行？對於人類來講，在沒有更先進、更合適的社會組織機構代替國家之前，沒有國家，如同對於個人沒有水、沒有空氣一樣，是無法想像的。

國家，古時又常稱作「社稷」，「苟利社稷，死生以之」，只要是對國家有利的事，就不顧生死安危，都要去盡力而爲貢獻一切。這是中華民族一以貫之的宏偉精神。

商鞅的公心

古時不少人都論及，商鞅在秦國的活動，是出於公心，他把他的一切都和秦國的改革、強國事業緊緊聯繫在一起，這是和諸葛亮治蜀十分相似的。

這倒不是說商鞅是大公無私的人，更不是說他不懷個人的企圖，不要去鑽諸如此類的牛角尖。一個人，能把個人融入一項與多數人有關的事業，這就很不簡單了，如果對這項事業十分執著，熱誠，不計個人的得失與安危，就可以說是大公無私了。要是把「大公無私」機械地理解爲一點個人利益也沒有或不能有，那只是神而不是人的境界。

商鞅到了秦國後，一心想的就是趕快讓秦國富強起來，他在秦國的國務活動中，不是屬於任何一個小政治集團，他屬於整個秦國。他謀的是秦國的國家利益，而不是秦國哪一個小集團的利益。秦國的國家利益，包括了秦國國君的利益，也有與他的民衆利益並不矛盾的一面，秦國的富強，對於秦國的老百姓來說，雖說不全是好事，但也不能說就是壞事。

一個有公心的人，做起事來，就不會畏懼，也不會有那麼多純粹爲自己著想的考慮。你看，商鞅推行新法，對於反對派的打擊就不遺餘力，他不怕因此可能給自己帶來的後果。他所制定的變法方案，特別是涉及人們利益關係的那些規定，沒有哪一條是與他的私利有關的。

是否可以說，商鞅執政時，他成了秦國政府的一杆秤，只有符合秦國國家利益的事，才能在這杆秤的衡量下被確認為合格。

商鞅到了秦國後，就把他的一切都交給這個本來不是他的祖國的國家了，他把他的一生獻給了使秦國強大的事業。

傲視民衆

對人性的認識

商鞅變法的實際問題，主要是如何用人，如何治人的問題。因此，商鞅對人及人性自然要作研究，於此，他是下過功夫的，他在一些言論中，談論他的看法。

戰國時期的著名思想家中，孟子主張「人性本善」，荀子則持「性惡論」，還有一位不太有名的告子，是主張人性無善惡的。商鞅對此不感興趣，他才不願意在這種「論虛」問題上多費腦筋呢。他對人性的看法，只是侷限於人的利益追求和由此引起的衝動。

在他看來，人是很簡單的，人的簡單易知，就在於人的欲望並不複雜。在他看來，民的本性，就是「飢而求食，勞而求逸，苦則索樂，辱則求榮」。民是好逸而惡勞的，但又是有榮譽感的，他說：「羞辱勞苦者，民之所惡也，顯榮佚樂者，民之所務也。」就是這個意思。又正因爲這樣，所以「夫人君好爵祿而惡刑罰，人君設二者以御民之志而立所欲焉，夫民力盡而爵隨之，功立而賞隨之，人君能使其民信於此如明日月，則兵無敵矣」。這一段話中，第一個「人君」有誤，應爲「人性」，其意無非是說，人的本性是喜歡爵祿而不喜歡刑罰的，國君就利用這一點，對於民衆，出了力就封爵，立了功就予賞，說到做到，講究信用，這樣，軍隊就可以無敵不可戰勝了。

人民生前怎麼想，臨死前又怎麼考慮，商鞅都好像猜到了，他說：「民之生（性），度而取長，稱而取重，權而索利。故民生則計利，死則慮名，名利之所出，不可不爭也。利出於地，則民盡力，名出於戰，則民致死。」

對於商鞅的這些觀點，簡單的肯定和簡單的否定同樣是很幼稚的，也是沒有意義的。他說人是有榮譽感的，這就多數人來說是不錯的，要不人就沒什麼積極性可言了。榮譽感有各種各樣的，有對家庭、家族、祖先的，有對集體的，有對妻子與兒女的。相樹有皮，人而有禮，可以說人的文化，人的社會化，很重要的一點就是人對其他的人有義務感，有責任心，在人群中，在社會上有立身的自我價值肯定，由此得知，人或多或少都有榮譽感，以及與之相伴的羞恥心。作爲社會的教育，則要予此以適當的引導和激勵。

人是否都像商鞅所說的那樣不喜勞苦，嚮往佚樂，這當然不好絕對地說。你要說是吧，有人就會反駁你，難道勞動人民也都是這樣嗎？這是不那麼好回答的。但是在出現了貧富差距，階級差別，腦力勞動和體力勞動相異的社會條件下，特別是在尙富嫌貧、重勞心輕勞力的社會觀念之下，一般人是難免有像商鞅所說的那種取向的。幾千年間，在世俗觀念看來，總是富比窮好，勞心比勞力好，輕鬆安逸比艱難勞苦好。

商鞅認爲他看透了人的本性了，可以利用人的本性了，所以他在變法當中始終緊緊抓住對人的激勵這根槓桿，在調整社會成員的社會地位和物質利益再分配上下功夫。人不是有榮譽感嗎？那就讓你充分發揮，你好好耕種、殺敵，就給你榮譽，不僅一人光榮，而且全家都共享榮利。既然人們嚮往過較好的生活，那就讓你透過耕戰等途徑獲得爵位、官職、土地等。總之，商鞅有了一根對人們發出導向指示的指揮棒，他讓一個國家的大多數人都按他的指揮選擇著方向，進行著努力。

愚民思想

商鞅的基本政策之一，就是「愚民」。在他看來，民衆愚蠢，那麼，少數統治者憑著智慧就可以加以控制和利用；若民衆有了智慧，那麻煩就多了，所以，他明確地說：「民愚易治。」

民的可怕，就在於他們懂得太多，他們懂得太多，能看透統治者的意圖，統治者就難以爲所欲爲了。所以，統治者怕人民不愚，就是怕有一種強大的無形的束縛力量。任何專制主義的統治者，都是希望自己有絕對自由，而人民完全處於被動地位的。因此，最可愛的人民就是除了聽話、服從之外，別的什麼都不懂的傻孩子。

通觀商鞅關於愚民的言論，可知他是自恃有智，只要讓民保持無知狀態，就可以維持對他們的統治。他說，如果百姓是愚蠢的，那麼，憑著智力就可以勝過他們，憑著智力就可以為王，否則，就要憑力量了，愚民者，智（實際上也是力）在少數人手中，相反地，力量就掌握在大多數人手中，所以，商鞅選擇愚民之策。

學可逾愚，不學必愚。愚民的方法之一，就是不讓人民學習，不學習，也就什麼都不懂了。所以，商鞅變法，根本就不提教育，要說教育，也就是獨門課程，那就是耕戰，老百姓只要懂得怎樣耕田打仗，就足夠了。

歷史上的政治家，很少像商鞅那樣對愚民政策進行了那麼深的思考，並且那樣直言不諱這樣做的必要。

弱民企圖

商鞅到秦國後，一直在做強國之夢，也一直執著地追求此目標。但是與他的強國之夢形成二重奏的，又恰恰是弱民的企圖。「有道之國，務在弱民」，他並不諱言他的觀點。

或曰：強國與強民不能並行嗎？強國就非要弱民嗎？商鞅並沒有為我們回答

諸如此類的問題，但根據他的言論和思想提供的邏輯，我們可以推導出他的回答。

他希望的是強國，當然，強大的國力是由千千萬萬民衆的力量組合而成的，但他只希望這是一個集合的、能被有效控制的力量，這種力量只能在統治者需要的時候才能讓它發揮出來。

商鞅爲弱民進行了種種設計，主要措施，不外乎虛和控兩條。虛，就是愚民。但若從今天的觀點來看，愚民不是等於降低民衆的整體素質嗎？當然，話是不錯，因爲民衆的整體素質，既包括智力因素，也包括體力因素。但商鞅不怕，因爲他要用的就是人民的體力和勇猛精神，至於他們缺少知識，沒有文化，這並不重要，而且，在他看來還是好事。控，就是把民衆牢牢地管理住，管得死死的，用什伍連坐之法，用重刑，用別的種種辦法，把民衆嚴密控制住。

關於「民弱」與「國強」的關係，商鞅也有所論及。他說：「民不貴學則愚，愚則無外交，無外交，則國安而不殆。」（民衆不注重學習，就保持愚蠢，處在愚蠢狀態的民衆，就根本沒有能力與外界有什麼交往，如此這般，整個國家就可以安定無事了。）

他的愚民政策的重點，是在農民，他說：「愚農不知，不好學問，則務疾農。」農民處於愚蠢狀態，不喜歡學問，就會專心去做他們的農事，而不會有什麼別的念頭了。

總之，商鞅的整個思想和目標，即欲民「心靜智愚」，心靜，就是思想單一，頭腦簡單，智愚，就是知道得很少很少，也就是說，除了種地，必要時爲國家打仗，別的什麼都不懂。

這是多麼可愛的民衆啊！

傲視民衆，實在要不得

仔細想想，商鞅並不是不重視民衆，他是懂得民衆的力量和重要性的。但是，他用以對待民衆的，是一種傲視的態度。

商鞅對待民衆的態度，也實在太狂妄了。

在商鞅的眼中，「民」即普通老百姓都是也應該是一群群愚不可及的群氓，他們只配知道絕對服從官府的法令，別的什麼都不須要懂，也不應該懂。

古希臘的奴隸主思想家亞里斯多德說：「奴隸只不過是會說話的工具而已。」東方的法家思想家商鞅對「民」的看法和他對奴隸的看法實際上並無二致，區別只在於，亞里斯多德說得很直率，表示他根本就不把奴隸當人看待，而商鞅則還沒有說「民」不是人。但是，只要思考一下商鞅的話語，就不難看出，他也是完全把「民」看作實現他政治意圖的工具。

商鞅之看待民衆，反應和代表了一種貴族觀念，這就是，只有像他這樣極少數的「優秀分子」才配有知識，有智力，有思想，其他的千千萬萬的普通人，頭腦越簡單越好，懂的東西越少越好。他希望建立一個二級社會，在這個社會中，一級是極少數的智者或者賢人，而另一級是大多數「頭腦簡單，四肢發達」，像簡單機械般的「人」。

實際上，在對待民衆的態度上，商鞅倒是一個不折不扣的愚人。

他不懂得個人和人民群衆的關係。一個人再了不起，也只是滄海之滴水，任何一滴水，離開了大海，都是要乾涸的。

他也不知道，少數統治者和民衆的關係，這種關係，在他稍後的荀子就比作舟與水的關係：水能載舟，亦能覆舟。在這個問題的認識上，商鞅遠遠沒有達到荀子那樣的高度。

不過平心而論，商鞅並非一個愚人，再怎麼說，他總不至於一點也不懂得一些淺近的道理，他之所以無數次地說到民衆的作用，說明他並不是眼中沒有民衆的睜眼瞎子。但是他的貴族血統的遺傳基因，使他在認知上始終以一個牧人的眼睛來看待民衆——好像他們都是牲口一樣。另外，他的強烈功利思想，也使他視民衆爲工具，想怎麼用就怎麼用，任其驅使，任其鞭策。不管怎樣，商鞅對民衆的態度，是「以民爲草芥」的態度，他的基本立場，是站在人民的對立面上的。

幸而商鞅還是在那遙遠的古代，他還能利用人民尚不覺悟的特點部分地達到他的目的，而在今天，誰要是還像商鞅一樣把自己看作英雄，視民衆爲群氓，那一定是萬分可笑，也萬分可悲，其下場，也就很容易想像了。

意識與風格

不貴學問

商鞅本人是個知識份子，他有知識，也並不否認知識的重要性，但是他卻說了大量反對文化，反對知識，敵視知識份子的話。這也構成了他爲人個性的一個顯著特點。

他的基本態度是：知識，只能掌握在極少數人手中，所以，他從根本上否定一般人有學習的必要，也反對國家有重視教育的必要。他的強國之術，根本就不包括教育。

他崇尚和迷信的是武力和經濟實力，只要有這兩項，國家就可以無敵於天下了。

對於人民，他的辦法只有加強控制一途，只有罰和賞這兩條。

在先秦諸子和各學派中，輕視和反對知識，是道家與法家的共同特點。請看看老子說過的幾段話，就知道了。老子主張「絕聖棄智」，即滅絕聰明，抛棄智慧。人應當「虛其心，實其腹，弱其志，強其骨」，也就是，吃得飽飽的，身體強壯，不想什麼，居上位者不思統治術，在下的人也不想反抗，本無上下，知識本是多餘的。

法家把智看成是極少數人的專利，無論是法是術是勢，都只能掌握在君主手中。道、法在這一點上存在著共同點，因此，在戰國至西漢的這段時間，道家能和法家交流融合成爲「黃老」，此爲其一重要原因，也是一個基本條件。

專制統治者當然要實行愚民政策，但具體手法也因時而異。商鞅的設想是把全國民衆都變成耕戰工具，最好能消滅知識份子。秦始皇的焚書坑儒便是要從精神上、肉體上消滅一部分知識份子。但一個社會不能沒有知識份子，而要使全民皆愚也是不可能的，於是，後世統治階級便想出一些更絕的辦法來，如隋以後的科舉制度，把讀書人都誘入名利場中，借此加以控制，而至明清兩代，更以八股文來荼毒、痲醉和愚化天下士子，都屬此類。

據說商鞅是實行過燒書的（見《韓非子·和氏篇》），即使眞有此事，所燒的書也有限，因爲在秦國那樣一種近乎文化沙漠的狀態下，究竟有多少書可燒？然而在《商君書》可以見到有這樣的政策規定：國家的大臣們，都不可以多讀書以增長見聞，不能巧嘴利舌地辯說是非，也不能出外周遊而傳播知識、消息。這樣做的目的，當然不僅僅在於限制大臣們的自由，更主要的是不讓一部分有較多知識和見聞的人在農民中傳播，以達到愚民的目的。

有句名言，叫「知識就是力量」。對於專制統治者來說，知識是一種非常危險、可怕的力量。人民有了知識，他們就不能爲所欲爲了，因爲有知識的人民能夠識破他們的欺騙伎倆。知識份子和人民結合在一起，對他們更是不可容忍的事情。所以歷代專制統治者所要做和所能做的，就是愚民——不讓人民擁有知識和切斷人民和知識份子的聯繫。這種思想，在商鞅身上，已經顯露。

崇實反虛

儒家把很多功夫放在學習、教育和理論探討上，讀書，特別是研習經典，是儒家的主要活動。與儒家的基本特點相比，法家更側重於實務，商鞅也突出地表現了這一點。過分地重務實，就要反虛，商鞅在他的言論中，對虛是深惡痛絕的。

虛的一個方面表現是重言輕行，說得太多，做得太少，或說得好，做得差。商鞅就多次明確表示他反對「煩言飾詞」，即反對所有不必要的廢話。他還說「辯慧，亂之贊也」，把那些善辯之徒看成是製造亂子的能手。他還提出，不能讓巧言虛道，即不使能說會道的人走一條官運亨通的坦途。

商鞅說出了虛的危害：「國好言談者削」，一個國家，如果只是空談虛言，那就要削弱的，言下之意，要戒空談而注重實際。

正是本著這種精神，他又提出不能任用那些「《詩》《書》談說之士」，他之所以憎惡儒生，這也是重要原因之一，他是從國家的強弱出發考慮的，並不完全取決於個人的好惡。

商鞅指出，那時各國的統治者都怕自己的國家不振，於是替人出主意，出謀劃策的人很多，但說了許多許多話，不得要領，無啥作用。這些出謀劃策的人還很得意呢，跟著學的人也多起來了，這是很要不得的。

他的結論是：明君應當知道，好聽的言辭是不能強兵闢土的。如果「民釋實事而誦虛詞」成爲普遍風氣，那商鞅農戰興國的目標就無法實現，因此，商鞅極度憎惡空談虛言的態度也就完全可以理解了。他還提出了關於「淫道」的概念：「爲辯知者貴、遊宦者文、文學私名顯之謂也。」所以，商鞅要國家「不淫於言」，要「去言」，「國去言，則民樸，民樸，則不淫」，堵住淫道最好的辦法，就是去言尙實。

過了兩百多年，在西漢中期舉行的鹽鐵會議上，肯定商鞅的桑弘羊和否定商鞅的賢良、文學們在這個問題上又進行了激烈的論爭。

雖說如此，但不要忘記，賢良、文學這些過於熱中於言詞的儒生們，也並非全是他們的先祖孔子當年的風格。孔子說過：「巧言令色，鮮矣仁」，「君子恥其言而過其行」。我們從今天出發去回顧，中國民族性格的基本傾向是崇實反虛。對於言辭，持謹愼態度，特別是普通中國人，這一點更爲明顯。尤其是佔我們民族人口大多數的農民，更是重實際而輕虛言。所以，對於商鞅的反虛言論和主張，我們也要從民族特性出發去分析和認識。

請看一些經典性的言論。《周易》中說「吉人辭寡，躁人辭金」。《論語》中說「君子恥其言而過其行」，《墨子》說「多言何益乎？」這些言論都是重實輕言的。桑弘羊說得還要尖刻：「以言舉人，若以毛相馬。」

再看一個有典型意義的故事：西漢初，謁者僕射（官名）張釋之侍從文帝，來到虎圈（當時皇家大型天然園林——上林苑關養老虎的地方），文帝問上林尉（官名）苑中各種禽獸的數量，問了十來個問題，他都是東張西望，答不上來。這時，也在旁邊的虎圈嗇夫（官名）卻能回答文帝提出的所有問題，而且反應敏捷，口齒伶俐。文帝對虎圈嗇夫很欣賞，對張釋之說：「管事情的人難道不應該是這樣的嗎？」於是當場指示釋之任命那名嗇夫爲上林令（官職比上林尉高）。

過了好一會，張釋之對文帝說：「陛下您看絳侯周勃是個什麼樣的人？」文帝回答說：「是位長者。」釋之又問：「那麼東陽侯張相如呢？」文帝又答道：「也是長者。」釋之說：「那絳侯、東陽侯都有長者之稱，他倆的口才都不行，那裡像這個嗇夫利口捷給，喋喋不休的。如果今天陛下您因爲這個嗇夫口才好而破格提拔他，我怕天下都會仿效，人們會爭著賣弄口才，有其言而無其實。請陛下愼重考慮。」

文帝聞此一說，馬上贊同了，那個虎圈嗇夫眼看要到手的官職一下又丟了。

從張釋之的看法中，我們可以深深體會到中國人一個普遍的價值取向：重實輕虛，重行輕言。當然，還有更深層次的思維特點：不是看一人一事，而要看這件事情可能造成的後果及其影響，看它的系統效應。按說，上林尉與虎圈嗇夫兩人優劣分明，文帝重業務能力破格提拔嗇夫，理所當然。但是，張釋之卻有另一番說法（這在西方人聽起來簡直不可思議），但你也不能說他沒有道理。

反虛，也不是沒有道理，對此實在有必要作具體分析。中國歷史上的魏晉時期，曾盛行清談，有些善於清談的人，幾乎可把死的說成活的。後來北方少數民族打進來，西晉統治階級束手無策。有個名叫王衍字夷甫的人，就是個清談能手，但領兵打仗，就數他誤事。直到唐代，還有人寫詩，以極沉重的心情說到他的誤國：

把得閒書坐水濱，讀來前事亦酸辛，
莫言塵尾清談柄，壞卻淳風是此人。
——羅隱：《王夷甫》

當然，西晉亡國的原因複雜，也不能簡單化，但光是說空話、大話，的確沒有什麼用，還十分有害。

虛與實的關係是一個很重要的問題，值得重視，好好研究，加以解決。從基本關係來說，務實務虛是相輔相成，缺一不可；從具體處理來看，務虛務實又好比彈鋼琴，要看指法怎麼配合。注重實際是極其重要的，空談之風也應當克服，但也不能走極端，反對學習，反對總結經驗，反對一切必要的理論探討。世界上的事就怕走極端，所以我們理應防止走極端。

反對任何裝飾

要說樸實，商鞅一派可是愛樸實愛徹底了。

商鞅喜歡講個「樸」。「樸則強，淫則弱」，「專心於農，則民樸而可正也」，這都是他的言論。

從商鞅的思想風格和語言風格，都可以看出這一點。

你看，他直言不諱，說應當尙力，應當嚴法，應當讓人民一心耕戰，耕如黃牛，戰似餓狼。今天我們讀《商君書》，不管是否贊同商鞅，起碼有一點，是容易感受得到的，那就是商鞅在表達思想時是很直率、很誠實的，既不虛僞，又不做作。

也許正因爲商鞅和法家未能跟上人類文化的進程，所以如此，既叫人恨，因爲赤裸裸的殘暴；又讓人覺得可愛，直誠得可愛，樸實得可愛。

能和商鞅一派的樸實相比的，只有老子。老子說聖人「爲腹不爲目」，似乎一個人活著有飯吃，有飯吃而能活著，就可以心滿意足了。這是很典型的反文化意識，這種只看實質，不講形式，只要最起碼的物質需求，不提精神方面的追求，就是把人的生活等同於動物差不多的生活。

商鞅有一條政策，叫做「聲服無通於百縣」，後人把「聲服」解釋爲「淫聲異服」。商鞅要禁止「聲服」是毫不奇怪的，在他看來，有衣服穿就很不錯了，根本不需要追求式樣和顏色。而音樂這一類文化生活，最好是不要。在《商君書》中，他只有在一個地方以容忍的口氣談到音樂：「是以人主處匡床之上，聽絲竹之聲，而天下治。」這裡說的是國君最好少管具體的事務，聽聽音樂，就把天下治好了，但在他心目中只知種田打仗的老百姓是不會需要音樂的。總而言之，商鞅只要人（主要是農民，也不僅是農民，因爲他的政策並不是只針對農民的）過一種很簡單的生活，全部心思（如果說人還有思想的話）都用在他所要求的地方去。

把文化推向絕境

什麼是「文化」？「文化」一詞的含義太多，因此，至今也還沒有公認的解釋。從流行的文化觀來看，似乎也不能說商鞅的活動和建樹中就不滲透著文化，或者說商鞅的思想、制度不屬於文化。現在人們常說的秦文化，顯然是離不開商鞅的精神和觀念的影響。如果離開了商鞅，恐怕很難再說什麼「秦文化」。

但細細想來，文化畢竟是「人化」，它應當體現和反映著人的進步，顯示著人的特點，像商鞅那種做法，總是缺著好些東西。他反智反學，把人設計成只知耕戰的簡單工具或者機械，他讓人們儘量少說話，整個國家只傳播著法律條文，他讓秦國成爲一架戰爭機器，文學、藝術，都近乎於窒息。秦國上下，除了熱騰騰的戰爭空氣外，別的差不多都是硬梆梆、冷冰冰的。人們在「以刑去刑」之類的嚴酷思維下，戰戰兢兢地度過每一天。農戰這樣的實踐固然充實著人們的生活，但生活卻並無理性的位置。所有這一切，是不是顯示著商鞅的反文化傾向？在人們對「文化」的認識尙存歧義的情況下，最好對此還不急於做出結論，我們還需要思考。但如果我們將要做出的回答是「是」，那麼，我們就可以說商鞅此人是一個把文化推向絕境的人。

商鞅的歷史地位和影響

後人的評說

韓非的評價

韓非，戰國末年韓國人，後來到了秦國，極受秦始皇的賞識，但同時又遭到李斯等人的嫉妒，以至被殺害。韓非著有《韓非子》一書，是法家思想的集大成之作，但他的思想離商鞅的法治思想較遠，而更側重於論勢論術。

戰國時期人物中，留下對商鞅評論較多的是韓非。在《韓非子》一書中，有多處論及商鞅及其變法，韓非對商鞅在秦國的變法持肯定、欣賞的態度。《韓非子》說：「秦行商君法而富強。」秦通過變法，「是以國治而兵強，地廣而主尊」。總之，《韓非子》對商鞅變法作了比較多的記述和客觀的評價。

韓非還記述了商鞅推行法治的情況。他說，商鞅推行新法之初，秦民還很不習慣，並且抱著僥倖心理，對於犯法可能帶來的後果，沒有看得很嚴重，結果，凡是有犯法的一定會受到嚴厲的懲處，而告發者也一定會得到重賞。韓非子認爲，這是商鞅在秦國成功的重要原因。

韓非認爲，商鞅「賞厚而信，刑重而必」，使秦國之民「用力勞而不休，逐敵危而不卻」（辛苦勞動而不顧休息，追逐敵寇而不怕危險），這是秦國強大的重要原因。

韓非還特別意味深長地說：「及孝公、商鞅死，惠王即位，秦法未敗也。」所謂「秦法」，就是指的商鞅在秦國所推行的新法，「秦法未敗」，正是說商鞅變法並未因商鞅身死而廢。作爲改革家、政治家，縱然遭受車裂之刑，有這麼一個結果，商鞅也可以含笑於九泉了。

不過，韓非對商鞅變法的不足之處也有所批評。

批評之一，是說商鞅「無術以知奸」，結果是以富強的秦國給了其大臣專權的方便和條件。但這實際上是商鞅死後秦國出現的新問題，是不能算商鞅的過失的。

批評之二，是說商鞅新法的一些偏失，即依斬首立軍功來作爲授爵加官的條件，這就好像下一道命令說：「如今以斬首立功者爲醫生爲工匠。」結果怎樣呢？房子也蓋不成，病也治不好，這是因爲工匠要靠手巧，醫生要靠懂得調藥，而這些都不是殺敵立了戰功的人所能勝任的。當然，這是韓非打的一個比方，他從而得出結論說：「當官是要依靠智能的，而斬首是憑勇力，讓殺敵的勇士去做需要智能的官吏，就好比讓他們去做醫生、工匠一樣。」

韓非這個批評是有道理的。

賈誼是怎麼看的

賈誼，西漢初年人，是著名的思想家、政論家。他的《過秦論》，對秦始皇父子進行了尖銳的批評，但對秦孝公和商鞅則是持比較平和的首肯態度。他說：秦孝公據有崤山和函谷關的地形之險，有秦國所在之雍州的廣大土地，君臣固守著基地，窺視周室，有席捲天下，包舉宇內，囊括四海之意，併吞八荒之心。而這時商君輔佐他，在秦國確立法度，努力從事於耕織，積極備戰，並在外透過連衡而與諸侯較量。這樣，秦人就攻取了西河之外的地區。

賈誼的「過秦」，是批評秦政之失，但並非全盤否定秦國到秦朝的全部政策和做法，因此，態度和立論可謂公允。他說秦始皇成就帝業是「續六世之餘烈」，此「六世」，就是從秦孝公時算起的。從賈誼開始，秦的帝業奠基於孝公時期，已成爲定論，而眞正的奠基人，實際上是商鞅。

因此，賈誼「過秦」，總結了秦政之失和秦朝速亡的教訓，但對商鞅，還是以肯定爲主的。

「鹽鐵會議」上「是鞅」與「非鞅」之爭

中國歷史上著名的「鹽鐵會議」，指的是西漢昭帝時召開的一次研討政策的會議，它是於始元六年（公元前八十一年）舉行的，參加會議的有西漢政府的高級官員——丞相田千秋（亦稱車千秋）、御史大夫桑弘羊等和從各地請來的賢良、文學共六十餘人。賢良、文學，是西漢時舉擢人才的兩個科目，他們都是儒生。

在會上發生了激烈的論爭，桑弘羊爲一方，而賢良、文學爲另一方，論爭的問題很廣泛，包括是否堅持漢武帝時鹽鐵官營政策的問題，如何對待當時北方匈奴政權的問題，還有在政治上是崇德還是崇力，崇文還是崇武等問題。正是因爲討論到政策的基本取向問題，所以也就論及了商鞅。

賢良、文學持否定商鞅的態度，《鹽鐵論》的整理編輯者桓寬是傾向於他們的立場、觀點的，他把專門討論這個問題的一篇定名爲《非鞅》。桑弘羊是肯定並讚賞商鞅的，他是「是鞅」派。

請看桑弘羊對商鞅的評價，他說：

從前商鞅相秦，內立法度，嚴刑罰，飭政敎，使想作奸犯科的人無法得逞。秦國任用商君，國家因而富強，後來終於倂六國而完成帝業。

商鞅起自於布衣，自魏入秦，才一年就當了秦相，革法明敎，而秦國大治。

而賢良、文學激烈地批評商鞅，他們說：

商鞅實行嚴峻的法律，貪圖利益，秦人無法生活，相與哭喊著呼喚孝公。

商鞅以重刑峻法爲秦國的基本國策，所以二世而失國，刑罰很嚴峻，又行連坐之法，使百姓戰慄，手足無措。他重利輕義，高力尚功，雖然使國土拓廣，但如同一個人怕水，卻又使水不斷加深一樣。不能光看商鞅為秦開帝業，而不知他也是為秦鋪設通向死亡之道啊。

對於商鞅之慘死，賢良、文學是慶幸的，視為罪有應得，死有餘辜。他們說：「秦人怨毒商鞅之法，對他恨之入骨，所以孝公死後，舉國攻之，東西南北，他連個藏身之地都找不到，終於遭車裂之刑、族滅之災，為天下所笑。這個人根本是自尋死路，是自取死亡，而不是別人害他的呀！」

桑弘羊對於賢良、文學對商鞅的攻擊作了有力的反擊。賢良、文學意氣用事，有的話是過激之言，有的則並無根據。例如，他們說秦國百姓「相與哭孝公」，就於史無據，難以憑信。他們說商鞅為亡秦鋪了道路，也是不思因果，正如桑弘羊所說，亡秦的是越高，而不是商鞅，把亡秦的責任推給商鞅，是不合實際的。

漢以後商鞅評價的總傾向

自漢武帝「罷黜百家，獨尊儒術」以來，兩千餘年間，基本上是儒家思想在中國佔統治地位，法家退隱二線，歷代統治者都是「霸、王道雜用」，亦儒亦法，刑德並重，但由於秦失太重，秦政過臭，法家也就不那麼光彩了，法家的治國理論，諱言者多而敢於提倡者少。對於商鞅這樣一個與秦朝統治有密切聯繫的人物來說，也自然籠罩著陰影。歷代儒生談起商鞅，大都是心懷仇視的，北宋文人蘇軾（蘇東坡）可以說是一個代表。

蘇軾對司馬遷為商鞅所立的傳、所給予的評價極不滿意，指他論商鞅和桑弘羊（兩人的特點有相似之處）之功是一大罪。蘇軾認為，自漢以來，學者們都恥於談商鞅、桑弘羊，可是有的君主還是對他們很感興趣，這都是司馬遷的罪過。

蘇軾還認為，秦國的富強，主要是秦孝公的作用。孝公是一位「有志之君」，即使沒有商鞅，秦國也不會不富強起來。秦國的強大，是孝公的「務本立穡之效」，而不是商鞅「流血刻骨（即實行殘暴統治）之功」。他得出的結論是：「用商鞅、桑弘羊那一套，都是要破國亡宗的，有的君王之所以不能省悟，是由於覺得他們那一套說法動聽，而忘記了會造成的深重禍難。」

蘇軾之論，把商鞅完全否定了，但這樣也太片面了。秦國的富強，原因是多方面的，作爲傑出的歷史人物，商鞅和孝公都起了很大的作用，雖然秦國沒有商鞅也會走上強國之路，但商鞅的主持變法怎能抹殺？孝公是一位「有志之君」，這是事實，但他在變法過程中是依靠商鞅的，他沒有那樣豐富的知識和足夠的魄力；況且，他是國君，無法事事親躬，總得有人輔助他，爲他操持國政。把孝公和商鞅分割開來，特別是故意誇大孝公與商鞅之間的差異，也不符合事實。因爲孝公在位時期，並無孝公與商鞅存在意見分歧的情況，孝公對商鞅的支持是顯而易見的。

蘇軾這番話的另一要點，就是過於強調商鞅對後來秦朝滅亡的作用和責任。這一聯繫太遠了一些。誠然，商鞅在秦國確立的制度與政策，基本上被保持下來，其負面作用確也不容忽視，但商鞅變法距秦朝滅亡尚有一個半世紀，其間世事發生了很大的變化，無論好事壞事，要商鞅來負責是不公道的。商鞅變法在前，主要起的是使秦國強大的作用。秦朝滅亡在後，主要原因在於秦始皇、秦二世父子實行殘暴統治，逼得人民無法忍受，只好用暴力手段推翻它。

本世紀對商鞅的抑揚

進入二十世紀，史學有了全新的面貌，史學觀點也有了很大的突破。富於民主主義思想的史學家，對於兩千多年的帝制，進行了全面的批判，當然，商鞅也在衝擊之列。他是秦朝開始專制主義統治的始作俑者，持續兩千多年的專制制度，就是由他最初設計和推行的，因此，在對歷史進行清算時，自然要聯想到他。

但是在對歷史進行清算中也有另一方面。批判專制主義的利鋒也指向了儒家，而儒家又是反對商鞅的。所以，人們在批儒、衝擊「孔家店」的同時，又引起了重新看待商鞅及其思想的動機。起碼，人們不再像歷史上的某些腐儒那樣，不加分析、不看歷史條件，甚至單純憑感情就把商鞅罵得萬惡不赦了。這又使商鞅的評價也現了新的亮面。

二十世紀初，梁啓超所編《中國六大政治家》一書，即把商鞅包括在內（麥孟華作《商君評傳》），把商鞅作爲中國歷史上的六大政治家之一，這是一個全新的評價。麥孟華把商鞅視爲「法學之鉅子而政治家之雄」，評價不可謂不高。

從二十年代開始，一部分中國史學家接受馬克思主義關於社會發展分期的理論，依照西方歷史的分期模式，把中國在公元一八四〇年以前的歷史也分爲原始社會、奴隸社會、封建社會這樣幾個階段。以郭沫若爲代表的一部分史學家，把商鞅變法確定爲中國奴隸社會過度到封建社會時限，這樣，商鞅變法就被看成是中國歷史上一個具有重大革命意義的事件，它促使中國社會由已經腐朽、落後的奴隸制生產方式和社會制度轉變爲比較先進的封建主義的生產方式和社會制度。

這樣一來，商鞅又被推崇成爲卓越的革命者了。於是，有一個時期，科學的歷史評價，轉變成迷狂的政治著色，商鞅被一些現代人光榮地引爲革命精神的同志，演出了一場滑稽的鬧劇。

經過幾度反覆，人們終於越來越清楚地認識到，商鞅，確實是歷史上的一個傑出人物，但他也只是在當時的歷史條件下，做了順應歷史發展的事情，他的變法對中國歷史產生了重要而深遠的影響，我們有責任對他的一生，對他的事業和思想，給予科學的總結，也給予公正的、實事求是的評價。

強秦之功，首推商君

變法成功，治國有方

商鞅變法，成效顯著。這一點韓非已經予以肯定，後人多數也是無異議的。就在商鞅去世後幾十年，還有兩個人也議論過商鞅。這兩個人都是從外國到秦國來的客卿，一個是魏國人范睢，另一個是燕國人蔡澤。兩人對商鞅是交口稱讚，充分肯定他的成功和對秦國的貢獻。

蔡澤說：「夫公孫鞅之事孝公也，極身無二慮，盡公而不顧私，設刀鋸以禁奸，信賞罰以致治；披腹心，示情素，蒙怨咎，欺舊友，奪魏公子卬，安秦社稷，利百姓，卒爲秦擒將破敵，攘地千里。」（商鞅之受重用於孝公，獻出一切，沒有別的考慮，全心爲公，不顧私利，設置刀鋸，以嚴厲的刑罰禁止爲奸，講求信用，達到國家的治理；忠心赤誠，情眞意切，寧可受人指責，欺騙自己的老朋友，讓魏公子卬當了俘虜，安定了秦國社稷，也有利於秦國的百姓，終於爲秦國俘敵將，破敵軍，擴大了國土。）

又說：「夫商君爲秦孝公明法令，禁奸本，尊爵必賞，有罪必罰，平權稀衡，正度量，調輕重，決裂阡陌，以靜生民之業而一其俗，勸民耕農利土，一室無二事，力田畜積，習戰陣之事，是以兵動而地廣，兵休而國富，故秦無敵於天下，立威諸侯，成秦國之業。」（商君爲秦孝公申明法令，禁絕爲奸的根本，該得尊爵的，一定獎賞，有罪之人，必罰無遺，又設立標準的度量衡，還打開田間舊有的界線，以讓民生的基本得以穩定，讓人民的所務得以一致，勸他們努力耕作，充分利用土地，一室之人，都專心務農，積蓄糧穀，並練兵備戰，因此，軍隊一動，秦國的土地就擴大，不打仗時國力在天天增長，所以秦國無敵於天下，在諸侯中建立了威勢，霸業得以確立起來。）其實，商鞅變法是否成功，從歷史事實來看，本無疑義。只要看一看秦國在商鞅變法以前怎樣，變法開始後又是怎樣，就勝於任何雄辯了。

變法前，秦國是一個相對落後的國家，也是一個比較弱小的國家，如果再那樣下去的話，只要東方六國有所振作，秦國將面臨生存危機。可是在商鞅變法時期，秦國就已發生了深刻的變法，在七國中的地位一躍而居於前列。商鞅雖死，但其新法並未因而廢止，而是繼續得以貫徹，所以秦國依然保持了強勁的發展勢力，國力繼續增長，在六國中的地位進一步提高，終於成爲七國中的首強。

李斯對此有一段結論性的言論，他說：「孝公用商鞅之法，移風易俗，民以殷盛，國以富強，百姓樂用，諸侯親服，獲楚、魏之師，舉地千里，至今治強。」李斯說這話時已到了秦統一中國的前夕，秦的強盛得益於商鞅變法，已經成爲秦國上下的共識。他的這段話，是在《諫逐客書》中說的，當時，他是一個正受到被驅逐出境威脅的客卿，他正在爲留在秦國而作最大的努力，顯然，他說的任何話，都要充分考慮秦國君臣的感情，但也不能過分，以免適得其反。所以，李斯這段話是很可信，也是很值得重視的。

商鞅功不可沒

東漢的大思想家王充說：「商鞅相孝公，爲秦開帝業」，秦國強大和地位上升到戰國七雄之首，商鞅所起的作用是不可低估的。

歷史只承認已然，歷史也尊重結果。事實勝過一切，事實的對比最能說明問題。看看秦國變法前後的對照，不抱偏見，不懷感情色彩，無疑是可以肯定地說：秦國不能沒有商鞅。甚至也可以說，離了商鞅，秦國的歷史可能會改寫。

商鞅是秦國的功臣，甚至可以說是一等功臣、特等功臣。

使秦國得以強大的基本政策是商鞅定下並堅決貫徹執行的，使秦國打破在當時七國國際格局中之被動局面的戰爭是在商鞅直接指揮下進行並取得勝利的。

商鞅確定的制度，適應秦國的國情，並沒有因爲商鞅的被殺而廢止，它們繼續在秦國發揮著富國強兵的作用，一直到秦始皇統一中國。

這也是秦國政治的卓越之處，後世君主未必都有器量做到這一點。王安石罷相後，他變法時推行的新政隨之停止了。張居正死後，他所推行的一套辦法幾乎全被改掉。相較之下，我們不能不佩服秦人，佩服秦惠王（雖然商鞅是在他的命令下被害的）。不以人廢政，這也是一種政治氣魄啊！

六國因爲沒有商鞅

於商鞅先後，關東六國也進行過不同程度的改革，取得過一定的成效，但六國沒有出現像商鞅這樣的改革家，或者說，即使有，也沒能發揮作用，因此，還是可以說，關東六國沒有商鞅。

正因爲沒有「商鞅」，所以就沒有進行比較徹底的改革，政治上存在很多腐敗因素，人民的積極性未調動起來，國力衰弱，以至逐漸難以自立於當時。

例如，韓非的祖國——韓國，就是如此，到韓非的時候，韓國已經與秦國的郡縣無異，完全淪爲秦國的附庸，而這種局面的形成，主要是由於內政不修，政治不修，又是由於以前進行過的改革不徹底，或者更準確地說，是以往改革的成果沒有鞏固下來。

再如楚國。楚是春秋至戰國的大國，論國勢，最有實力與秦爭奪統一中國的資格。但楚國雖用政治家、軍事家吳起，卻爲時過短，變法流產，改革很不徹底，因此，對它日後的發展十分不利。因此，韓非說「楚不用吳起而削亂，秦行商君而富強」，正是把兩個典型例子相提並論。東漢思想家王充談到此時也說：「六國之時，賢才之臣，入楚楚重，出齊齊輕，爲趙趙完，畔魏魏傷。」

馬克思、恩格斯說：「歷史不過是追求著自己目的的人的活動而已。」在歷史進程中，人的作用是非常重要的，某些關鍵人物的作爲，可以在很大程度上影響一個國家的興衰、一個時代的面貌，可以使某種必須出現的趨勢提前或者延緩。在戰國歷史上，商鞅對秦國的發展就曾起了這樣的作用，而其他六國，由於沒有商鞅（從根本上說也就是沒有爲類似商鞅的人物提供充分發揮作用的必要條件），就紛紛被秦國比下來了，它們終於在無情的歷史大競爭中失敗，被滾滾的歷史洪流所淘汰。

中國歷史上最負盛名的改革家

中國古代最稱成功的一次改革

在中國古代歷史上也有過許多次各種形式的改革，有的成功，有的失敗，有的小有成效而終歸於失敗，有的熱熱鬧鬧開始而無聲無息收場，情況也是多種多樣的。

由於特殊的歷史條件，戰國時期的變法，成功的還是比較多，像李悝變法成效便很突出。吳起在楚國的變法，小有成效，但歸於失敗，吳起的結局也很慘。趙武靈王胡服騎射這一改革，還比較成功。

西漢末年，外戚王莽也進行了一次頗有規模的改革，歷史上或稱之爲「王莽改制」。與商鞅的改革是法家式的迥然不同，王莽的改革是儒家式的，王莽本人也是一個比較典型的儒生。他實行的「王田制」和「私屬制」都有法古和理想主義的色彩。王莽的改革沒有取得預期的成效，相反，進一步激化了社會矛盾，引起了綠林、赤眉、銅馬等一系列的起義，王莽取代西漢所建立的政權——新朝，也很快就崩潰了。

魏晉南北朝時期，北方少數民族的一位傑出政治家——鮮卑族的元宏，即在北魏孝文帝在位時期進行了多方面的改革，歷史上稱之爲「孝文帝改革」。實際上，改革的前期，是在他的祖母馮太后主持下進行的，主要內容有實行均田制、三長制，新的租調徵收制度和官員的俸祿制度等。孝文帝親政後，又對官制進行改革，並且在鮮卑人中推行生活習慣和禮儀等方面的漢化。孝文帝改制的結果，推動了北方少數民族的封建化過程，加速了鮮卑等北方少數民族與漢族的融合，對後來隋唐時期社會發展、經濟繁榮，有著重要的作用。

北宋中期，面對冗官、冗兵、冗費等社會問題突出、政府財政危機日益加劇的嚴重局面，宋神宗的宰相王安石進行了改革，其時新法很多，推行的程度也各不相同。王安石的新法多數產生了積極的作用，但也帶來一些新的弊病，整體而言，變法曾取得過一定成效，但後來還是失敗了。

明朝後期，又有張居正改革。當時是明朝萬曆年間，社會矛盾已相當尖銳，張居正是明神宗的老師，這給了他推行改革的有利條件。他整肅吏治，注重對官員的考課（考核），努力提高行政效率。又大規模進行經濟方面的改革，重點是清丈土地，整頓賦役。他還從多方面安定邊疆，促進邊疆各族的和睦，並整飭邊備，加強邊防。張居正改革曾取得顯著的效果，但張居正死後，神宗陰暗心理大發作，政策倒行逆施，使張居正的改革成果化爲烏有。

統觀以上歷次改革，可以說，沒有哪一次像商鞅變法那樣成功。無論是變法在當時所取得的效果，還是其對後世所產生的影響，商鞅變法在中國古代史上都是獨一無二的。

改革家中商鞅最有名

在歷代改革家中，或許可以說，商鞅是最有名的。如果今天有人要編一部《中國歷代改革家大辭典》，商鞅不但肯定名列其中，而且肯定是最受關注的。歷代都有名人熱，今日更興之，人是否有名，名氣是大還是小，原因很多。

商鞅作爲改革家之所以出名，大概一是因爲他的改革成效卓著，二是他因改革而死，而且死得最慘不過。

有名也好，也不好。商鞅有名，有人揚他，也有人抑他。贊成改革的，總要用肯定和贊揚的口氣說到商鞅，反對改革的，則對商鞅持敵視態度，有時候，商鞅甚至成了「變法」「改革」的代名詞。

這倒是商鞅的光榮。改革是歷史的重要內容，積極因素，是歷史前進的動力之一。歷史上的改革只有成敗之分，沒有有無必要之別。歷史前進過程中的向上突破也好，遇到困難時的尋找出路也好，改革總是一種可貴的探索。

商鞅爲什麼能成功？

商鞅成功了沒有？答案是肯定的。不能因爲他死得很慘，就說他失敗了。在歷史的天秤上不是這樣衡量的。

他爲什麼會成功？對此，人們也曾作過許多分析，提到過一些看法，例如，下面的看法是很多人所提到過的：那就是當時秦國社會發展水準比較低，社會關係比較簡單，人也較爲質樸，在這種社會條件下進行變法，難度要小得多。老百姓比較質樸，就容易趨於服從。舊貴族勢力相對較弱，也就缺乏對抗變法的力量。

這可以說是變法成功的一個重要原因。當然，客觀原因是應該估計到的，但也不應該低估了主觀上的原因——我們是指商鞅和孝公這君臣二人的因素。

商鞅的堅決、果斷、充滿信心，是他取得變法成功的主觀因素。他在最初與秦孝公等人討論變法時就已顯露了堅強的決心。他推出新法，打擊反對新法的頭號人物，都很有魄力，毫不心軟。直到他和趙良談話，仍然對變法滿懷信心。這些都體現了商鞅作爲一名卓越改革家的優良素質，使他能承受壓力，堅定不移。

商鞅得到了秦孝公的充分信任和全力支持，這在中國歷史上從事改革的傑出人物中，極少有的一組配對，無論是王安石還是張居正，都沒有這樣的幸運。商鞅在秦國正可謂是如魚得水，如鳶翔空，沒有來自君主的牽制和阻力，可以爲所欲爲。而且，特別重要的是，他們君臣二人的「蜜月」延續的時間還特別長，長達二十多年，幾乎與孝公在位的年數相近，這也是商鞅能夠成功的一個極重要的原因。就此因素而言，歷史上也沒有哪個改革家有他這麼幸運。

如果一個人在五十或六十歲將能達到成就，但他在三十歲上便不幸早逝了，那就不可能達成。需要二十年才能成功的事情，如果只有十年光陰，便無法實現。時間，是一切條件中最爲基本、最爲重要的一項。不是說有了時間，什麼都能成功，但沒有必要的時間，卻是萬事都無法進行的。

中國兩千多年歷史的一位關鍵人物

兩千年間秦制也

可別小看了商鞅，他對中國歷史的影響是非常之大的。有好多著名的歷史人物，也在歷史上留下了轟轟烈烈的事業，但其作用只在於一時，影響不超過百年，而商鞅，他的所作所爲，影響長達兩千多年，我們完全有理由把他稱爲影響中國歷史的一位關鍵人物。

商鞅在秦國確立的一套制度、辦法，並未因爲商鞅被殺害而終止，相反，還在秦國長期堅持下來，後來，秦國統一了中國，又推行到全中國，這就是商鞅變法在空間上的推廣。

秦朝的制度，又基本上爲以後中國歷朝歷代所沿襲，從漢唐到明清，雖然中國的社會是在緩慢前進的，各項制度也有變化，但基本的格局沒有變，這正如章太炎所說：「垂兩千年之制，秦制也。」這也可以說是商鞅變法的效力在時間上的延長。

兩千多年間，很多事情變了，什麼沒有變呢？專制主義帝制沒有變。雖然朝代改了又改，京城遷了又遷，從秦始皇到清朝的末代皇帝溥儀，皇權專制統治這外黃內黑的傳統，延續了二十二個世紀，一直到一九一一年偉大的辛亥革命推翻帝制為止。

以農為本，過於單一的畸形經濟的模式沒有變。兩千多年過去了，基本上還是地主經濟加小農經濟，生產方式還是男耕女織的小家庭勞作，全國絕大多數人口都在爭口飯吃，工商業始終處於被壓抑的狀態，自然經濟一直據於統治地位。

愚民政策沒有變，把有知識有文化的人看作危險份子和專政對象的政策沒有變。儘管中國早就有了世界上獨一無二的文官制度，相當一部分官吏是從知識份子中選拔出來的，但最高統治者卻從來對知識份子不放心，猜忌和防範心理一直在作祟。

經常性地調整著社會關係的動態等級制度沒有變。自從商鞅變法以後，中國社會沒有一個長期穩定的貴族階層，少數貴族雖有特殊的地位，也能享有某些特權，但他們同樣在皇權的嚴格限制之下，稍有不愼，就可能丟了性命。而商鞅建立起來的軍功爵制度，後來逐漸完善的科舉制度，又給社會地位較低的人們提供各種機會，從奴隸到將軍，從農家子弟到公卿大夫，不再是幻想和神話。

對社會成員極其嚴格的控制性管理沒有變。商鞅所發明的「什伍連坐」發展爲後來的保甲制度，一人出事全家甚至更多的人受株連的辦法愈行愈烈。人民不僅沒有權力，沒有自由，連喜怒哀樂都要看統治者的臉色行事，一切都被限制得死死的，幾乎沒有任何個性發展的餘地。

秦始皇幻想他的家天下之統治能萬世相傳，但秦朝的統治只維持了短短的十五年。秦朝歷史雖然短促，但其在中國歷史上的影響卻十分深遠。對此，歷代很多著名人物都談到過，如清代學者惲敬就說：「自秦以後，朝野上下，所行者皆秦之制也。」明末清初的思想家顧炎武也指出：「漢興以來，承用秦法，以至今日者多矣。」中國近代史上偉大的變法志士譚嗣同說得更直率：「二千年來之政，秦政也。」雖然秦始皇帝想把家天下統治延續至萬世的狂妄野心沒能實現，但他似乎也不必為此過於臉紅，因為他定下的制度並沒有只實行了十五年就作罷了。

而秦朝政治基本上沿襲自秦國，秦國之政又是在孝公時期確定下來的，其設計者，不是別人，正是商鞅。因此，說商鞅是一個深刻影響了中國兩千多年歷史的重要人物，實在並不過份。

中國社會的動態平衡結構

平心而論，在當時的歷史條件下，商鞅確實給歷史發展提供了許多新的東西。是不是可以探討一下，在這些東西中，什麼是影響最深遠的呢？對於這個問題，當代的歷史學家多有不同的看法。例如有人就肯定會說，商鞅對歷史貢獻最大的就是以他的變法促進了奴隸制向封建制的轉化。

筆者卻不這樣看。筆者認為，商鞅所設計和主持的改革，留給後世社會影響最大的，是那絕妙的動態等級制度。

請看商鞅在秦國的做法。他有意聲稱要讓「富者貧之，貧者富之」，他全然不怕因改革而利益受到損害的那些人反對，因爲他心中十分清楚，雖然有因變法而境況變壞的，但也有相反的，只要大多數人能從改革中得到好處，就不用怕。

他專門針對國家的上層分子進行改制，不讓貴族世襲特權，沒有軍功的就要從宗室的名冊上開缺。與此同時，他又讓普通的百姓通過耕戰得到爵位，一步一步地攀升，昔日的小民可「翻身」，原來的等級制不管用了，新的等級制是以對國家的貢獻爲準繩的。

要眞正了解自商鞅變法以後的中國社會，這就是關鍵所在。中國不是沒有階級、等級，而是隸屬於各個階級、等級的人們經常在變動之中，土地所有權在變動，政治地位在變動，社會尊卑在變動，甚至連政權都不是長久地被一家一姓所恆久地把持著。這變那變，只是社會的基本結構卻像磐石一般堅固，多少世代都不會變。

法家提供的歷史經驗

商鞅變法雖然取得了很大的成功，但商鞅的思想和實踐不是沒有缺陷的。商鞅依靠秦孝公對他的支持，依靠他手中掌握的實權，同時也因爲秦國反對變法的勢力軟弱無力，而堅持了下來。當這些基本條件中的一條發生變化時，商鞅的地位和命運就面臨嚴峻的考驗了。果然，孝公一死，反對派力量有所憑藉，商鞅的厄運也就降臨了。

事物往往有兩面甚至更多的面。過分強調一面，忽視另外一些基本面，就有可能走向嚴重的偏頗。所以，辯證法很重要，也很有道理。有一句話叫做「蔑視辯證法是要受懲罰的」，確是如此。

法家講法，講勢，講術，都是著眼於把人作爲控制的對象。人，作爲有思想，有感情，有抱負，有追求的主體，必須從心態上得到適度的調整，才能眞正地成爲主體。從這一點上講，儒家強調敎化，強調對人的思想感情即整個心態的影響，是確有道理的。

商鞅想得太簡單了，他認爲人民可以愚化，人民只會逆來順受，不知反抗，刑殺足以令人民恐懼，人民只有戰戰兢兢地求生存。這怎麼可能呢？

還是荀子說得好，水可以載舟，也可以覆舟，人民不發怒便罷，眞的要是發起怒來，任何統治者是對抗不了的。在對人民力量的認識上，商鞅就遠沒有荀子那樣清醒。

孟子則說過，用「佚道」來使用人民，雖然勞苦，但沒有怨言；以「生道」殺民，雖然去死，也不會怨恨殺者。這裡所謂「佚道」，就是儘量避免使人民過於痛苦，也就是要考慮人民的承受能力；這裡所說的「生道」，是指辦事的出發點和目的是爲了有利於人民。毫無疑問，孟子的人情味要比商鞅足得多。商鞅也不是不講人情，但他那一套太剛太狠，譬如說什麼「以刑去刑」，「以殺去殺」，雖說也是爲民著想，但把刑殺放在前面，人民感到恐懼，也就不會樂意。

是是非非

我們評論人物，總喜歡說他是對是錯，是是非非，即肯定對的，否定錯的，是我們的基本態度。

當然，評論歷史人物是一件很不容易做的事，要做好就更難了。這是因爲，對歷史的認識，有很多的障礙，而每一個人要透過撲朔迷離的現象而深刻地認識歷史的本質，要有很高的水準。正因爲這樣，有些人物，像曹操、武則天等，直到現在，距離他們去世已經一千多年甚至快兩千年了，還沒有定論。

歷史人物又像是一個多面體，從這面看過去可能是圓的，而從某一個側面看過去，又可能是方的。其中，最顯著的一個差異，可能就是功業和德行的差異，對有的人來說，這是統一的，對另一些人來說，卻又是不統一的。當然，如果一定要談到道德，那又是一件十分複雜的事，因爲幾乎誰都知道，在歷史上並不存在一成不變、永世不渝的道德標準。

對於不少歷史人物，人們可能有不同甚至很不相同的評價，「譽者或過其實，毀者或損其眞」，無論是「譽者」或者「毀者」佔了上風，都會使評價產生偏離。

評論商鞅，對於他的功業，爭執可能會少一些，因爲大多數人並不否定他對秦國富強，對戰國時期態勢發展，對爾後中國歷史的積極作用和影響。

但是商鞅的德行常常使一些人搖頭。人們不能贊同他那暴虐的統治政策，人們無法肯定他那雙手滴著鮮血的劊子手形象，人們也不願讓一個刻薄少恩的人廁身於傑出歷史人物的行列。也許正因爲這樣，商鞅儘管對秦國有大功，但民衆並不懷念他，後世的人提起他來，還是懷著恐懼感和厭惡感的。

評價要公允、客觀、全面

對任何歷史人物的評價，都應當力求公允、力求客觀和全面。對於商鞅這樣一個歷史人物，也是如此。評價商鞅，應該把他的歷史作用放在首位，應當看到他對歷史所起的作用，看他是否爲歷史提供了有價值的新東西。

戰國時代的歷史發展，最主要的需求是什麼？凡是能夠滿足這個需求者，應當說是具有進步意義，是順應當時歷史發展方向的。無疑，當時最需要的是兩點，其一是社會要進步，最主要的，是社會生產力要有大的發展，其二，是中國要統一，要結束分裂和混戰不休的局面。

商鞅的所做所爲，商鞅在秦國推行的變法即改革，是和這樣的方向一致的。他進行變法，促進了秦國社會生產力的發展，而秦國社會生產力的發展，又成爲秦國強大的主要因素，秦國的強大，爲中國的統一事業，提供了一支物質力量，正是依靠這支力量，才最終實現了中國的統一。

這一切，若沒有商鞅，也許也是可以實現的，但畢竟需要商鞅式的人物，沒有商鞅，也需要類似商鞅這樣的人物，如果沒有，那是不行的。就歷史的已然而言，我們可以說，沒有商鞅，就沒有強大的秦國，也沒後來秦國對全中國的統一，戰國的歷史就可能是另外一個局面。

商鞅是有嚴重缺陷的人物，但他又是生活於兩千年以前的人物，我們不能離開時代背景來空談他的高尚或者卑劣。那將是沒有實質意義的。

商鞅所做的許多事情，在歷史上沒有人做過，或者沒有人像他做得那樣深刻，那樣徹底。他對秦國的事業，是竭盡了全力的。他不顧一切地在秦國推動變法事業。所有的政治理想和事業，都是需要這種人，這種精神。

留給後人的啓示

作智者，不作愚者

商鞅對「智」是那樣矛盾，他仇恨人民有智慧，最好人民都是笨伯蠢蛋，但很顯然，他自己是不願做這樣的愚民的。你看，他不是說了這樣的話嗎：「愚者暗於成事，知（智）者見於未萌。」

誰願意做愚者呢？誰都想成爲智者。人，這個令人自豪的稱號，他的基本含義，就是能思考，有智慧，這是任何一種動物所不及於人，也是無法與人比較的。

不要向商鞅學習，想讓別人都成爲「愚者」，因爲這是不可能的，這種思想本身也是十分愚蠢的。要向商鞅學習，自己要努力成爲智者，智識就是力量，知識予人自尊、自信，使人自強、自立。

做智者，不做愚者，這是誰都知道的，但如何才能做到呢？除了某種先天性的因素外，人的智慧主要還是來自於後天的學習、磨練。有人宣揚人的知識、才能是天生的，不要相信這種瞎說。孔子是說過所謂「生而知之」之類的話，但他並沒有肯定地說事實上存在這樣的「聖人」，而他自己，就不是生而知之的人（他明確地說過：「我非生而知之者」），這不是很清楚嗎？要是他是生而知之者，他怎麼會談出那麼多學習的體會呢？爲什麼會有「學而時習之，不亦樂乎」之類的感想呢？

要想成爲智者，就要多讀書，書是知識的寶庫，也是通向智者的階梯。一個人的知識，只能是很小的一部分是來自於切身的經驗，大多數要靠讀書取得。一般來說，讀書越多，知識也越多。當然也有讀什麼書的問題，還有如何讀書的問題，這都是要在讀書中去解決的。

讀書多了，還要善於聯繫實際，多思考，多鍛鍊自己解決實際問題的能力。否則的話，光靠讀書多，有很多知識，也未必就是智者。古時候的趙括，善於紙上談兵，他有知識，但稱不上智者，原因是他經常脫離實際，做出蠢事，總是做蠢事的人，怎麼能配得上稱智者呢？商鞅說過「易知難行」，確實不假。

知萬物之要

知，要能得要領，善知者，以知萬物之要爲目的，以知萬物之要爲能事。世界浩瀚廣闊，人生活於其中，有了解不完的事，有學不完的知識，這正印證了莊子的一句話：「吾生也有涯，而知也無涯。」一個人不可能什麼都知，但應了解哪些應該知道，必須知道。

商鞅談治國，就談出了他對治國之要的看法。商鞅進行改革，重在農戰，這也是抓住了要點的。對於我們來說，也是這樣，我們不管對什麼事，都應該有能力抓住要點。這眞如俗話所說，牽牛要牽牛鼻子，打蛇要打在七寸上。

「知萬物之要」的學問是哲學。以前曾有過這麼一個話題：「學點哲學」，即或不是天天向我們號召，我們還是有必要學哲學，不爲別的，就因爲哲學是一門能使人「知萬物之要」的學問。

向前看，要創新

商鞅一個十分可貴的地方，是他的眼睛是向前看的。說這話可能會使人發笑，難道有誰是眼睛向後看的嗎？有。多的是。古往今來不知道有多少。向後看的人，就是凡事總要想以前這種事是怎麼辦的，以前的人遇到這種事會怎麼辦。他們沒有想想，現在有的事，從前未必就有過。特別是在我們這個快速發展的時代，新事物新問題層出不窮，有好多好多事情，在古代在從前是找不到先例的，前人沒有經歷過，也就根本無法向我們提供任何可資借鑒的經驗。當然，這樣說，絕沒有任何輕視歷史經驗的意思，但重視歷史經驗也絕不是凡事都要「法古」，都要找個葫蘆來畫瓢。

《呂氏春秋》也是一本內容十分豐富的古書，值得認眞一讀。其中講了一個「刻舟求劍」的故事，人們都很熟悉，它的寓意，是要人們不必拘泥，情況隨時都在變化，世上沒有一成不變的事物，人的思想認知也要隨之而變化，這就好比船已走了好遠一段路了，而思想還停留在先前那個把劍掉下水去的地方一樣可笑。

商鞅的思想、行動，值得稱讚的另外一點是他具有創新精神。

儘管商鞅前面也有人實行過變法，也取得過成功，但他在秦國推動變法，確是一件新鮮事。他的改革，無論在內容上，方法上，更有不少創新之處，所以，商鞅是一位敢於創新，善於創新的人。

人生的「拘」和「制」

商鞅說過：「故知者作法，而愚者制焉；賢者更禮，而不肖者拘焉。」這裡說到了「制」和「拘」的問題。

商鞅把人分爲知（智）者、賢者和愚者、不肖者兩大類。智者作法，賢者更禮，都是聰明的做法，而愚者卻不知變通，爲法所制，不肖者爲禮所拘，是愚蠢的表現。

人活在世上，不能一點也不受拘制，法律的拘束，道德規範的限制，無論何時何地，都是有的。但也不能受束縛太甚，如果手腳被捆綁得牢牢的，還能做得成什麼事？

特別是思想，更要自由一些，解放一些，行動則更需要謹愼一些，如果思想一點也放不開，也就不會有任何創造性的作爲。

可見，人的一生，就是生活在拘與不拘，制與不制之間，關鍵就看自己如何把握了。

看看周圍的人，過於不受「拘」「制」的人也有，太受「拘」受「制」的人也有。就我們自己來說，也是有時過分，有時又相反。這大概也是人生難題之一，能夠做得好的人，就令人佩服了。這就像「解放思想」「敢說敢做」之類，全要看人自己的把握。

自得、自勝

在商鞅的言論中，也許最有哲理性的警句是：「得天下者，先自得者也；能勝強敵者，先自勝者也。」這是商鞅作爲政治家一個很深刻的認識，這句話是很值得咀嚼的。

自得，就是把握自己；自勝，就是戰勝自己。商鞅所談都是高論，著眼點是「得天下」之類的「大話」，我們呢，只談普通的人生之事，即使就此而言，一個人，不管成就什麼事業，都必須做到這兩條。

譬如說，你有志在某一領域闖出一番成就，創造一番功業，這都需要先把握自己，先戰勝自己。你要樹立自己的信心，摒棄自己的疑慮，發現自己的長處與短處，揚長避短，充分挖掘自己的潛力，這都是需要先把握自己的。你還必須在前進路上隨時戰勝自己的畏難、驕傲、急躁等情緒，不斷地支持著自己，推動自己向前、向上。

從某種意義上說，人的一生，就是把握自己、戰勝自己的一生，人生的成敗，全看一個人是否善於此道。一個人，如果失去了自我，失去了自己的人格、本性、美好的心靈，那麼，擁有再多的身外之物，也沒有意義，甚至非常有害。總是成功或總是失敗的人是很少很少的，大部分人是既遭受過挫折，也得到過成功，當然，也有連連失敗而終於成功的，也有一路順利而功虧一簣的，還有一著不愼而滿盤皆輸的。人生，就是這樣林林總總，無所不有。但是，只要在每一個重要關頭，都能把握好自己，都能戰勝自己的弱點，成功，就會陪伴著一個人的一生。

國家圖書館出版品預行編目資料

商鞅的人生哲學：霸權人生／丁毅華著--初版. --
臺北市：揚智文化，1997〔民 86〕
面；　公分 . ---（中國人生叢書 21. ）

ISBN　957-8446-17-9（平裝）

1.（周）商鞅- 傳記　2.（周）商鞅-學術思想-哲學

782.818　　86005618

商鞅的人生哲學—權罷人生　　中國人生叢書 21

著　　者／丁毅華
出　　版／揚智文化事業股份有限公司
發 行 人／葉忠賢
責任編輯／賴筱彌
地　　址／台北市新生南路三段 88 號 5 樓之 6
電　　話／(02)2366-0309　2366-0313
傳　　眞／(02)2366-0310
登 記 證／局版北市業字第 1117 號
印　　刷／偉勵彩色印刷股份有限公司
法律顧問／北辰著作權事務所　蕭雄淋律師
初版二刷／2001 年 5 月
定　　價／新臺幣：250 元

本書如有缺頁、破損、裝訂錯誤，請寄回更換
ISBN⇨957-8446-17-9
E-mail⇨tn605541@ms6.tisnet.net.tw
網址⇨http：//www.ycrc.com.tw
版權所有　翻印必究